essentials

essentials liefern aktuelles Wissen in konzentrierter Form. Die Essenz dessen, worauf es als „State-of-the-Art" in der gegenwärtigen Fachdiskussion oder in der Praxis ankommt. *essentials* informieren schnell, unkompliziert und verständlich

- als Einführung in ein aktuelles Thema aus Ihrem Fachgebiet
- als Einstieg in ein für Sie noch unbekanntes Themenfeld
- als Einblick, um zum Thema mitreden zu können

Die Bücher in elektronischer und gedruckter Form bringen das Expertenwissen von Springer-Fachautoren kompakt zur Darstellung. Sie sind besonders für die Nutzung als eBook auf Tablet-PCs, eBook-Readern und Smartphones geeignet. *essentials:* Wissensbausteine aus den Wirtschafts-, Sozial- und Geisteswissenschaften, aus Technik und Naturwissenschaften sowie aus Medizin, Psychologie und Gesundheitsberufen. Von renommierten Autoren aller Springer-Verlagsmarken.

Weitere Bände in der Reihe http://www.springer.com/series/13088

Lukas Rottmann · Daniel Witte

Mitarbeiter (ein)binden und gewinnen

Nachhaltige Strukturen für
Seniorenheime zur Steigerung der
Arbeitgeberattraktivität

Springer

Lukas Rottmann
theoretisch praxisnah
Kassel, Deutschland

Daniel Witte
theoretisch praxisnah
Kassel, Deutschland

Ergänzendes Material zu diesem Buch finden Sie auf http://extras.springer.com.

ISSN 2197-6708   ISSN 2197-6716   (electronic)
essentials
ISBN 978-3-658-23481-2   ISBN 978-3-658-23482-9   (eBook)
https://doi.org/10.1007/978-3-658-23482-9

Die Deutsche Nationalbibliothek verzeichnet diese Publikation in der Deutschen Nationalbibliografie; detaillierte bibliografische Daten sind im Internet über http://dnb.d-nb.de abrufbar.

Springer ist ein Imprint der eingetragenen Gesellschaft Springer Fachmedien Wiesbaden GmbH und ist ein Teil von Springer Nature
Die Anschrift der Gesellschaft ist: Abraham-Lincoln-Str. 46, 65189 Wiesbaden, Germany

Was Sie in diesem *essential* finden können

- Die Bedeutung der Arbeitgeberattraktivität und eines nachhaltigen Personalmanagements für Seniorenheime.
- Erfolgsfaktoren für attraktive Arbeitgeber in der Pflegebranche inklusive eines Fragebogens zur eigenen „Standortbestimmung".
- Mögliche Strukturen für die interne Kommunikation, um eigene Mitarbeiter einzubeziehen und an die Einrichtung zu binden.
- Kreative und zielgruppenorientiere Methoden für die Personalgewinnung – von der Planung des Personalbedarfs bis zum finalen Antritt der Stelle.
- 21 praktische Checklisten sowie 16 „Werkzeuge" (Leitfäden, Handouts, Vordrucke und Fragebögen) in dem Online-Bereich, um nachhaltige (Kommunikations-) Strukturen zu etablieren.

Inhaltsverzeichnis

Über die Autoren

Lukas Rottmann und Daniel Witte, studieren im Masterstudiengang *Wirtschaft, Psychologie und Management* an der Universität Kassel. Gemeinsam sind wir die Gründer von *theoretisch praxisnah.*

Wir freuen uns über Ihr Feedback an kontakt@theoretischpraxisnah.net.
Insbesondere möchten wir uns an dieser Stelle bei unseren Eltern und Anita Habel sowie allen Menschen, die uns in diesem Prozess unterstützt haben, herzlich bedanken.

Aufgrund der besseren Lesbarkeit haben wir uns nach längeren Überlegungen dazu entschieden, auf die gleichzeitige Verwendung männlicher und weiblicher Sprachformen zu verzichten. Wenn wir folglich von Mitarbeitern und Bewerbern sprechen, meinen wir selbstverständlich auch Mitarbeiterinnen und Bewerberinnen. Frauen und Männer mögen sich von unserem *essential* gleichermaßen angesprochen fühlen. Wir danken für Ihr Verständnis.

Abbildungsverzeichnis

Verzeichnis der Checklisten

Einleitung

Natürlich interessiert mich die Zukunft. Ich will schließlich den Rest meines Lebens
darin verbringen (Mark Twain).

1.1 Chancen und Risiken der Pflegebranche

Die Gesellschaft wird älter
Die Auswirkungen des demografischen Wandels sind in Deutschland immer
mehr zu spüren – vor allem in der Pflegebranche: Zum einen steigt die Anzahl
der Pflegebedürftigen. Laut dem statistischen Bundesamt waren es Ende 2015
rund 2,9 Mio. Menschen im Sinne des Pflegeversicherungsgesetztes (SGB XI) –
Tendenz steigend. Bis zum Jahr 2030 wird die Anzahl der Pflegebedürftigen auf
über 3,4 Mio. geschätzt. Zum anderen wirkt sich der demografische Wandel auch
auf die Pflegenden selbst aus: Die Belegschaften werden älter und weniger junge
Menschen beginnen eine Pflegeausbildung. In der Alten- und Krankenpflege sind
laut der Bundesagentur für Arbeit bereits jetzt 36.000 Stellen unbesetzt (Groll
2018). Je nachdem, welche Zukunftsszenarien durchexerziert werden, wird
laut der Bertelsmann Stiftung bis zum Jahr 2030 eine Personallücke von knapp
500.000 Stellen erwartet (Rothgang et al. 2012).

Die Pflege wird komplexer
Nicht nur, dass die Quantität der Pflegebedürftigen steigt, auch die
Anforderungen an die Qualität der Pflege wachsen. Die höhere Lebenserwartung
der Menschen führt zu vermehrten chronischen Erkrankungen und Multimorbidi-
tät. Dies zeigt sich in den Seniorenheimen durch eine rasante Zunahme der Menschen in den Pflegestufen 2 und 3, die an psychischen Störungen, wie Demenz

© Springer Fachmedien Wiesbaden GmbH, ein Teil von Springer Nature 2019
L. Rottmann und D. Witte, *Mitarbeiter (ein)binden und gewinnen*, essentials,
https://doi.org/10.1007/978-3-658-23482-9_1

und Depressionen erkrankt sind. Die Anforderungen sind so weit gestiegen, dass
eine Pflegeausbildung lediglich Grundkenntnisse vermitteln kann. Fort- und
Weiterbildungen werden durch neue Krankheitsbilder, neue wissenschaftliche
Erkenntnisse und neue Therapiemöglichkeiten sowie sich stetig verändernde
Pflegestandards unabdingbar (Badel et al. 2015).

Zwang zur Wirtschaftlichkeit der Pflegeeinrichtungen
Damit zusammenhängend hat sich auch das Bild der stationären Altenpflege
in den letzten Jahren gewandelt – weg von einer allein karitativen Einrichtung,
hin zu einem modernen Dienstleistungsgewerbe. Bewohner und Angehörige
sind die Kunden, die für ihre Kosten eine angemessene Qualität erwarten. Preis
und Leistung werden immer bedeutender und zwingen Pflegeeinrichtungen
wirtschaftlicher zu werden. Die Mitarbeiter bleiben der wichtigste Erfolgsfaktor.
Pflegeeinrichtungen, die zur kurzfristigen Gewinnmaximierung am „Kosten-
faktor Personal" einsparen wollen, werden langfristig nicht bestehen können. Ein
nachhaltiger wirtschaftlicher Erfolg hängt vor allem mit der Zufriedenheit der
Bewohner und deren Angehörigen zusammen, weshalb professionelle, zufriedene und motivierte Mitarbeiter eine notwendige Bedingung sind (Zietzschmann
2005).

Pflegeberufe sind überdurchschnittlich belastend
Die Erwerbstätigenbefragung der Bundesanstalt für Arbeitsschutz und Arbeits-
medizin (BAuA) zeigt, dass die körperlichen, psychischen und zeitlichen
Arbeitsbedingungen in der Pflege im Durchschnitt belastender als in anderen
Berufsgruppen sind. Insbesondere die tägliche Arbeit von Altenpflegern zeichnet
sich durch körperliche Belastungen, wie Arbeiten im Stehen, häufiges Heben und
Tragen schwerer Lasten aus. Überdurchschnittlich hohe psychische Belastungen
entstehen u. a. dadurch, dass oft verschiedene Arbeiten gleichzeitig verrichtet
werden müssen und ein starker Termin- und Leistungsdruck besteht. Dazu kommen weitere zeitliche Belastungsfaktoren, wie lange und unregelmäßige Schicht-
arbeit sowie Pausenausfälle aufgrund hoher Anforderungen der täglichen Arbeit.
Die Folge sind weniger Erholungsmöglichkeiten und eine Einschränkung des
Soziallebens (Lohmann-Haislah 2012).

Das Image des Pflegeberufs
Dauerhaft hohe Arbeitsbelastungen wirken sich nicht nur negativ auf die Gesund-
heit, Zufriedenheit und Motivation der Mitarbeiter aus, sie sind auch das Kern-
problem des negativen Images des Pflegeberufs. Auch wenn die tägliche Arbeit
der Pfleger in der breiten Öffentlichkeit Vertrauen genießt und als Zukunftsberuf

angesehen wird, gilt das Berufsbild der Pflegekraft als nicht sonderlich attraktiv. Dies hängt auch mit der mangelnden gesellschaftlichen Wertschätzung, den
schlechten Gehaltsaussichten sowie geringen Aufstiegs- und Karrieremöglichkeiten
zusammen. Negative Medienberichterstattungen einzelner „Pflege-Skandale"
beeinflussen zusätzlich die öffentliche Wahrnehmung, sodass sich viele Schüler
bewusst gegen eine Pflegeausbildung entscheiden (Bomball et al. 2010).

Die Auswirkungen des demografischen Wandels, die hohen Arbeits-
belastungen und die geringe Attraktivität des Pflegeberufs werden zwar seit
Jahren in der Politik diskutiert, die politischen Willens- und Entscheidungs-
prozesse bleiben aber schwerfällig. In Gesprächen mit Beteiligten der Pflege- und
Gesundheitsbranche wird klar: Eine grundlegende und zeitnahe Verbesserung der
Rahmenbedingungen von politischer Seite wird nicht erwartet. Die momentanen und zukünftigen Herausforderungen wie den Fachkräftemangel, die alternde
Belegschaften und den Nachwuchsmangel zu lösen, liegt bei den Pflegeein-
richtungen selbst:

▶ Sie müssen ein attraktiver Arbeitgeber werden, um neue Pflegekräfte zu
gewinnen und langfristig zu binden – trotz schwieriger wirtschaftlicher
Bedingungen und einem schlechten Image der gesamten Branche.

Die europaweite NEXT-Studie („nurses early exit study") zeigt, dass dies möglich ist: Es gibt bereits Heime, die attraktiver sind als andere. So bestehen
Senioreneinrichtungen in Deutschland, in denen jede zweite Pflegekraft über den
Ausstieg nachdenkt, und solche, in denen alle bleiben wollen. Entscheidend ist
die emotionale Bindung (Schumacher und Klöppner 2014). Viele Pflegekräfte
haben sich bewusst dafür entschieden in der Altenpflege zu arbeiten. Sie wollen
ältere und kranke Menschen unterstützen und Selbstständigkeit ermöglichen.
85 % der Pflegekräfte sind deshalb (zu Recht) stolz auf ihren Beruf. Sie werden
gebraucht, tragen eine große Verantwortung und leisten einen wichtigen Beitrag
für die Gesellschaft. Vor allem das Bewusstsein, etwas Sinnstiftendes zu tun, die
Zusammenarbeit mit den Kollegen sowie das eigenverantwortliche Arbeiten in
abwechslungsreichen Tätigkeiten sind wesentliche Bedürfnisse und Potenziale
zugleich (Scharfenberg 2016).

Tägliche Motivation für die Arbeit (sortiert nach Häufigkeit der Nennungen)
(Quelle: Scharfenberg 2016)

1. Sinnvolles tun (68 %)
2. Zusammenarbeit mit Kollegen (61 %)

3. Eigenverantwortliches Arbeiten (60 %)
4. Abwechslungsreiche Tätigkeiten (57 %)
5. Mein Wissen und meine Erfahrungen nutzen (57 %)
6. Geld verdienen (49 %)
7. Einen Beitrag für die Gesellschaft leisten (44 %)
8. Patienten brauchen mich (42 %)
9. Bin wichtig am Arbeitsplatz (38 %)
10. Sicherer Arbeitsplatz (34 %)
11. Fachwissen wird anerkannt (32 %)
12. Wertschätzung von Vorgesetzten (26 %)
13. Täglich was Neues lernen (24 %)
14. Positives Arbeitsklima (23 %)
15. Verbundenheit mit dem Arbeitgeber (21 %)

1.2   Die Arbeitgeberattraktivität als Erfolgsfaktor

Es gibt leider keine einfache „Zauberformel" zu den angeführten Problemen vieler Pflegeeinrichtungen – vor allem nicht in Form bloßer Werbeversprechen, die nicht eingehalten werden können. Diese mögen vielleicht kurzfristig mehr Bewerber erreichen, mittel- und langfristig werden diese allerdings enttäuscht und frustriert sein, sodass sie die Einrichtung wieder verlassen.

Entscheidend ist, **ein attraktiver Arbeitgeber** zu werden und nachhaltige, langfristige Vorteile im „War for talents" zu erlangen. Dies umfasst sowohl die „Sicht nach innen" als auch „nach außen":

- Innen: Ein Arbeitgeber muss für seine eigenen Mitarbeiter attraktiv sein, damit diese langfristig zufrieden und motiviert in der Einrichtung bleiben.
- Außen: Ein Arbeitgeber muss für Außenstehende attraktiv sein, sodass Externe es als erstrebenswert erachten, für die Einrichtung zu arbeiten.

Um einen ersten Eindruck davon zu erhalten, wie attraktiv die eigene Pflegeeinrichtung in der Wahrnehmung der Mitarbeiter und Bewerber ist, können Führungskräfte die nachfolgende Checkliste zur „Standortbestimmung" nutzen. Sie stellt positive Eigenschaften eines attraktiven Arbeitgebers dar. Je mehr Aussagen zutreffen, desto attraktiver scheint die Einrichtung zu sein. Die Aspekte, die nicht „gecheckt" werden können, zeigen mögliche Veränderungspotenziale auf. Die Kriterien in der Checkliste bieten sich zudem an, um die Arbeit in der Einrichtung kontinuierlich zu evaluieren.

Checkliste 1: Arbeitgeberattraktivität einschätzen

(in Anlehnung an Schumacher und Klöppner 2014)

☐ Im Vergleich zu anderen Einrichtungen besteht eine geringe **Fluktuationsrate**

☐ Leistungsstarke Mitarbeiter **bleiben langfristig** in der Einrichtung

☐ Die **Mitarbeiter engagieren sich** im starken Maße für den Erfolg der Einrichtung

☐ Die **Mitarbeiter empfehlen** die Einrichtung an andere als Arbeitgeber weiter

☐ Der **Krankenstand** in der Einrichtung ist auf einem niedrigen Niveau

☐ Offene Stellen können **schnell besetzt** werden

☐ Die Einrichtung erhält eine ausreichende Anzahl an **qualifizierten Bewerbungen**

☐ Die Einrichtung erhält **Initiativbewerbungen**

☐ Die Einrichtung erhält Bewerbungen aufgrund von **Empfehlungen**

1.3   Strukturen für ein nachhaltiges Personalmanagement

Maßnahmen zur Steigerung der Arbeitgeberattraktivität betreffen das gesamte Personalmanagement. Ausgehend von einer Analyse der eigenen Stärken und Schwächen, kann durch das Drehen an verschiedenen Stellschrauben Stück für Stück ein nachhaltiges Personalmanagement entstehen. Dies umfasst alle Aufgaben von der Ansprache (potenzieller) Bewerber, der Auswahl sowie Einstellung geeigneter Kandidaten, über deren Einsatz, Entwicklung und Erhalt in der Einrichtung, bis hin zu einer möglichen Verabschiedung.

▶   Ein nachhaltiges Personalmanagement betrachtet nicht den kurzfristigen wirtschaftlichen Erfolg, sondern die Zukunftsfähigkeit der Pflegeeinrichtung.

Aus der Forschung zu einem nachhaltigen Personalmanagement (Zaugg 2009) haben sich diesbezüglich insbesondere sechs Nachhaltigkeitskriterien (vgl. Abb. 1.1) als entscheidend herausgestellt.

Ein Personalmanagement ist dann nachhaltig, wenn es 1) eine sinnvolle Einbeziehung der Mitarbeiter ermöglicht. Die kreativen Fähigkeiten, das Wissen und die Erfahrungen der Mitarbeiter werden als wichtige Erfolgsfaktoren verstanden und sollten deshalb bei Entscheidungsfindungen, der Suche nach Problemlösungen und dem Ableiten gemeinsamer Ziele einbezogen werden. Des Weiteren gestaltet sich ein nachhaltiges Personalmanagement 2) wertschöpfungsorientiert. Es wird eine Effizienzsteigerung angestrebt, indem die Arbeit auf den Stationen verbessert und Maßnahmen im Sinne einer Kosten-Nutzen-Betrachtung gestaltet werden. Das Personalmanagement erhält den größtmöglichen Nutzen bei kleinstmöglichen Kosten.

Dies geschieht insbesondere dann, wenn Maßnahmen nicht nach „Bauchgefühl", sondern aufbauend auf einer individuellen Analyse 3) strategisch abgeleitet werden. Anhand identifizierter Stärken und Schwächen können kurz-, mittel- und langfristige Ziele definiert, Maßnahmen zielorientiert geplant und umgesetzt werden. Regelmäßige Fort- und Weiterbildungen sind dafür unabdingbar. Sie entwickeln die Kompetenzen und das Wissen der Mitarbeiter, sodass die aktuellen und stets komplexer werdenden Anforderungen der Arbeit erfüllt

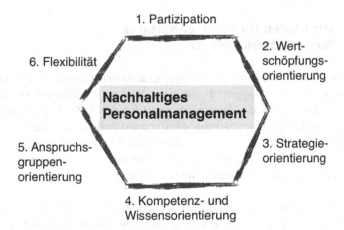

Abb. 1.1 Die sechs Nachhaltigkeitskriterien. (Quelle: eigene Darstellung, in Anlehnung an Zaugg 2009)

werden können. Ein nachhaltiges Personalmanagement zeichnet sich durch eine 4) Kompetenz- und Wissensorientierung aus und schafft es, Weiterbildungsbedarfe zu erkennen, Möglichkeiten zur (persönlichen) Entwicklung zu kommunizieren und vorhandenes Wissen in der Einrichtung zu teilen.

Des Weiteren besitzen Personalmanagement-Maßnahmen aller Art dann die größte Akzeptanz, wenn sie die 5) Bedürfnisse der Mitarbeiter und Bewerber berücksichtigen. Das Erkennen, Eingehen und Erfüllen ihrer Bedürfnisse bei der Arbeit führt zur Bindung und Motivation dieser Anspruchsgruppen. Insgesamt zeichnet sich ein nachhaltiges Personalmanagement durch 6) Flexibilität aus. Es wird anpassungsfähiger, wenn unerwartete Ereignisse, wie der kurzfristige Ausfall eines Mitarbeiters, keine langfristigen Schäden anrichten, sondern kompensiert werden können.

Diese Nachhaltigkeitskriterien stellen eine übergeordnete Philosophie für das Personalmanagement dar. Sie dienen als Orientierungshilfe für das Ableiten, Durchführen und Verbessern einzelner Prozesse und Maßnahmen. Bevor neue Maßnahmen durchgeführt werden, kann dementsprechend überlegt werden, ob sich diese Kriterien noch adäquater erfüllen lassen können (Zaugg 2009).

Checkliste 2: Kriterien für ein nachhaltiges Personalmanagement

☐ **1. Partizipation:** Wie können Mitarbeiter sinnvoll einbezogen werden?

☐ **2. Wertschöpfungsorientierung:** Ist der Nutzen höher als die Kosten?

☐ **3. Strategieorientierung:** Welches Ziel soll erreicht werden?

☐ **4. Kompetenz- und Wissensorientierung:** Wie können vorhandene Kompetenzen und das Wissen der Mitarbeiter genutzt und/oder entwickelt werden?

☐ **5. Anspruchsgruppenorientierung:** Wer ist betroffen? Wessen Bedürfnisse können und müssen berücksichtigt werden?

☐ **6. Flexibilität:** Wie kann unerwarteten Ereignissen vorgebeugt werden?

Damit das Personalmanagement im Sinne der Nachhaltigkeitskriterien gestaltet werden kann, bedarf es (Kommunikations-)Strukturen, die dies ermöglichen. Sie stellen das Fundament dar, das sowohl für die interne Kommunikation mit und zwischen den Mitarbeitern, als auch für die externe Kommunikation (insbesondere mit den Bewerbern) notwendig ist (vgl. Abb. 1.2).

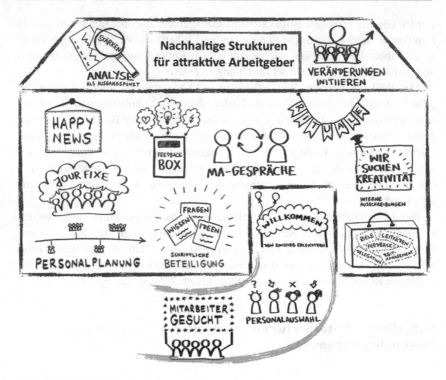

Abb. 1.2 Nachhaltige Strukturen. (Quelle: eigene Darstellung)

Sie helfen dabei unter Einbeziehung aller Faktoren, ein nachhaltiges Personal-
management zu schaffen, das die wirtschaftliche und sozial verantwortliche
Gestaltung aller Personalprozesse fördert – die Grundlage dafür, ein attraktiver
Arbeitgeber zu sein.

Eine Analyse als Ausgangspunkt

2

Wer neue Antworten will, muss neue Fragen stellen (Johann Wolfgang von Goethe).

2.1 Fragebogen: Arbeitgeberattraktivität

Wann ist eine Pflegeeinrichtung ein attraktiver Arbeitgeber? Diese Frage untersuchten 2014 Wissenschaftler der Leuphana Universität aus Lüneburg. Das Ergebnis der Studie zeigt, dass Pflegekräfte ihren Arbeitsplatz dann als attraktiv empfinden, wenn die Arbeitsbedingungen auf drei Ebenen ihren Bedürfnissen entsprechen: Die zentralen Merkmale der Einrichtung, das Teamklima und die Arbeitstätigkeit (Schumacher und Klöppner 2014).

© Springer Fachmedien Wiesbaden GmbH, ein Teil von Springer Nature 2019
L. Rottmann und D. Witte, *Mitarbeiter (ein)binden und gewinnen,* essentials,
https://doi.org/10.1007/978-3-658-23482-9_2

Aussagen zu unserer Einrichtung	trifft überhaupt nicht zu	trifft nicht zu	trifft eher nicht zu	trifft eher zu	trifft zu	trifft voll zu
1. Unsere Einrichtung geniest in der Region einen guten Ruf.	○	○	○	○	○	○
2. Unsere Einrichtung hat klare Werte, Vorstellungen und Ziele für die zukünftige Entwicklung definiert.	○	○	○	○	○	○
3. In unserer Einrichtung herrscht ein Klima von gegenseitiger Wertschätzung.	○	○	○	○	○	○
4. Die Mitarbeiterinnen und Mitarbeiter gehen respektvoll miteinander um.	○	○	○	○	○	○

Abb. 2.1 Fragebogen zur Messung der Arbeitgeberattraktivität – Ausschnitt. (Quelle: eigene Darstellung in Anlehnung an Schumacher und Klöppner 2014)

Im Rahmen einer Mitarbeiterbefragung kann analysiert werden, inwieweit diese Aspekte in der Wahrnehmung der eigenen Mitarbeiter erfüllt werden und welche Veränderungsvorschläge sie haben. Durch die Einbeziehung entsteht ein gemeinsames Problem- und Veränderungsbewusstsein und es ergeben sich Handlungsfelder für notwendige Optimierungen.

Hierzu wurde ein Fragebogen zur Messung der Arbeitgeberattraktivität in Anlehnung an die Ergebnisse der Leuphana Universität Lüneburg erstellt (vgl. Abb. 2.1). Die Bearbeitungsdauer beträgt etwa 15–20 min. Der letzte Teil des Fragebogens beinhaltet offene Fragen und kann bei Bedarf – je nach individueller Situation – erweitert werden, um Meinungen oder Verbesserungsvorschläge hinsichtlich konkreter Themenbereiche zu erfragen.

▶   Der Fragebogen kann über ExtrasOnline heruntergeladen werden.

2.2   Die Mitarbeiterbefragung durchführen

Schritt 1: Die Mitarbeiter über die Befragung informieren
Die Mitarbeiter werden informiert, dass eine Befragung durchgeführt wird. Sie erfahren, wann die Befragung stattfindet, wie viel Zeit diese in Anspruch nimmt und was mit den Ergebnissen passiert.

Schritt 2: Das Durchführen der Befragung
Die Fragebögen werden ausgeteilt und eine Sammelstelle zur anonymen Abgabe eingerichtet. Bei Fragen steht eine Ansprechperson zur Verfügung.

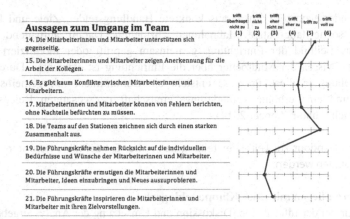

Aussagen zum Umgang im Team	trifft überhaupt nicht zu (1)	trifft nicht zu (2)	trifft eher nicht zu (3)	trifft eher zu (4)	trifft zu (5)	trifft voll zu (6)
14. Die Mitarbeiterinnen und Mitarbeiter unterstützen sich gegenseitig.						
15. Die Mitarbeiterinnen und Mitarbeiter zeigen Anerkennung für die Arbeit der Kollegen.						
16. Es gibt kaum Konflikte zwischen Mitarbeiterinnen und Mitarbeitern.						
17. Mitarbeiterinnen und Mitarbeiter können von Fehlern berichten, ohne Nachteile befürchten zu müssen.						
18. Die Teams auf den Stationen zeichnen sich durch einen starken Zusammenhalt aus.						
19. Die Führungskräfte nehmen Rücksicht auf die individuellen Bedürfnisse und Wünsche der Mitarbeiterinnen und Mitarbeiter.						
20. Die Führungskräfte ermutigen die Mitarbeiterinnen und Mitarbeiter, Ideen einzubringen und Neues auszuprobieren.						
21. Die Führungskräfte inspirieren die Mitarbeiterinnen und Mitarbeiter mit ihren Zielvorstellungen.						

Abb. 2.2 Auswertungsbogen Arbeitgeberattraktivität – Ausschnitt. (Quelle: eigene Darstellung in Anlehnung an Schumacher und Klöppner 2014)

Schritt 3: Die Ergebnisse auswerten
Die Durchschnittswerte aus den Antworten der einzelnen Fragebögen werden ermittelt. Für alle Aussagen können die angekreuzten Werte der Teilnehmer zusammengezählt und durch die Gesamtzahl geteilt werden. Die Antworten aus den offenen Fragen werden – soweit möglich – thematisch zusammengefasst, um einen groben Überblick über die genannten Handlungsfelder zu erhalten.

Schritt 4: Die Ergebnisse übersichtlich darstellen
Der Auswertungsbogen ermöglicht das Eintragen und Verbinden aller Durchschnittswerte (vgl. Abb. 2.2). Die Stärken und Schwächen einer Einrichtung können so anschaulich dargestellt und erste Handlungsempfehlungen – die sich ggf. aus den offenen Fragen ergeben – den einzelnen Punkten zugeordnet werden. Daraus ergeben sich thematische Bezüge für die weitere Vorgehensweise.

▶   Der Auswertungsbogen kann über ExtrasOnline heruntergeladen werden.

2.3   Strukturen schaffen und Maßnahmen ableiten

Im letzten Schritt der Mitarbeiterbefragung sollten die Ergebnisse allen Mitarbeitern mitgeteilt werden. Zum einen wird es sie interessieren, wie ihre Kollegen geantwortet haben und zum anderen bedarf es weiterer gemeinsamer

Auseinandersetzungen, um daraus konkrete Handlungsfelder, Ziele und kurz-, mittel-, sowie langfristige Maßnahmen abzuleiten. Darauf aufbauend kann auch das Leitbild der Einrichtung gemeinsam geprüft oder modifiziert werden. Das Wissen der Mitarbeiter über die Einrichtung ist elementar. Durch die Einbeziehung in diese Prozesse entsteht ein Commitment mit gemeinsamen Zielen und eine erhöhte Veränderungsbereitschaft der gesamten Belegschaft (Schumacher und Klöppner 2014).

▶   Ein Handout zur Leitbilderstellung kann über ExtrasOnline heruntergeladen werden.

„Mehrere Fliegen mit einer Klappe schlagen"
Nicht nur bei der Information, Diskussion und Umsetzung der Analyseergebnisse: Funktionierende Kommunikationsbausteine in der Einrichtung sind der „Dreh- und Angelpunkt" zur Steigerung der Arbeitgeberattraktivität. Sie ermöglichen die Berücksichtigung aller Nachhaltigkeitskriterien, sodass durch eine Etablierung dieser Strukturen identifizierte Schwächen in diesen Bereichen unmittelbar entgegengewirkt werden kann. Zudem handelt es sich bei den Kommunikationsbausteinen um eine wesentliche Grundlage zur Bindung und Gewinnung neuer Pflegekräfte. Mit einer Analyse als Ausgangspunkt wird gemeinsam und strategisch vorgegangen, um die Einrichtung, das Teamklima und die Arbeitstätigkeiten Stück für Stück zu optimieren und dabei die Bedürfnisse der Mitarbeiter einzubeziehen.

Mitarbeiter (ein)binden

3

Kommunikation ist nicht alles. Aber ohne Kommunikation ist alles nichts (unbekannter Autor).

3.1 Interne Kommunikation macht den Unterschied

Ein positives Arbeitsklima, das sich durch unterstützende, wertschätzende und konstruktive Kommunikations- und Verhaltensweisen von Führungskräften und Mitarbeitern auszeichnet, entsteht nicht von alleine. Insbesondere, weil die Arbeit in den Einrichtungen durch hohe Arbeitsbelastungen, Zeitdruck und Stress geprägt ist, können sich rasch störende Routinen entwickeln, die letztlich eher zu zusätzlichen Belastungen führen – bspw. indem Probleme und Konflikte unausgesprochen bleiben bzw. immer wieder aufgeschoben werden. Um den Anforderungen einer Pflegeeinrichtung gerecht zu werden, sind funktionierende kommunikative Strukturen eine notwendige Bedingung – sie fördern die tägliche Zusammenarbeit und das Arbeitsklima (Zaugg 2009; Zietzschmann 2005).

Das gemeinsame Aufstellen von **Kommunikations- und Verhaltensregeln** für den Umgang miteinander erleichtert die Arbeit in schwierigen Situationen.

Kommunikative Strukturen ermöglichen, dass
- Wissen, Erfahrungen und Kompetenzen von Führungskräften und Mitarbeitern effizient genutzt, ausgetauscht und weiterentwickelt werden,
- Führungskräfte und Mitarbeiter unterstützend, wertschätzend und konstruktiv zusammenarbeiten können,

© Springer Fachmedien Wiesbaden GmbH, ein Teil von Springer Nature 2019
L. Rottmann und D. Witte, *Mitarbeiter (ein)binden und gewinnen*, essentials,
https://doi.org/10.1007/978-3-658-23482-9_3

- Probleme frühzeitig erkannt und mit Betroffenen besprochen werden können,
- respekt- und vertrauensvoll mit Konflikten umgegangen wird,
- jederzeit Verbesserungsvorschläge eingereicht werden können, die Beachtung finden,
- regelmäßiges, gegenseitiges Feedback gegeben wird, und
- klare Ziele und Verbindlichkeiten geschaffen werden.

Nachfolgend werden verschiedene Kommunikationsbausteine vorgestellt. Anders, als bei Unternehmen, in denen die Mitarbeiter vorwiegend am Computer arbeiten und sich ein Großteil der internen Kommunikation über Emailverkehr oder ein firmeneigenes Intranet gestaltet, liegt der Fokus dieser Bausteine auf dem persönlichen Miteinander und dem Austausch über schriftliche Beteiligungsmaßnahmen. Es gilt das **„Supermarkt-Prinzip":** So wie Kunden bei einem Einkauf im Supermarkt durch die Regale gehen und sich für eine bestimmte Auswahl an Produkten entscheiden, so können die Leser dieses *essentials* durch die folgenden Kapitel gehen und den Fokus auf diejenigen Kommunikationsbausteine legen, die für ihr Seniorenheim sinnvoll sind. Zusätzlich kann es sich – wie im Supermarkt – hin und wieder lohnen neue „Produkte" auszuprobieren, die sich später als nützlich herausstellen. Je nach individuellen Anforderungen und Bedürfnissen können Kommunikationsbausteine ausgewählt, neu ausprobiert und festgefahrene Vorgehensweisen kontinuierlich hinterfragt und situativ angepasst werden.

3.2 Den Jour fixe lösungsorientiert gestalten

Ein Jour fixe (auch Team-Meeting, Mitarbeiterrunde oder Gruppenbesprechung) ist ein fest vereinbarter und regelmäßiger Termin von Mitarbeitern und Führungskräften mit dem Ziel der stetigen Verbesserung der täglichen Arbeit. Der große

Vorteil eines Jour fixes ist der offene, informelle und partizipative Charakter: Das Wissen und die Kritik der Mitarbeiter werden einbezogen und untereinander geteilt. Zusätzlich werden Herausforderungen lösungsorientiert diskutiert, um Arbeitsprozesse zu verbessern (Welk 2015; Meier 2006).

Oft haben Jours fixes in Unternehmen aber einen negativen Ruf, da sie als „Plauderstunde" gelten, bei der keine relevanten Ergebnisse zu verzeichnen sind. Gründe dafür können vielschichtig sein: Mitarbeiter sind unpünktlich, Diskussionen laufen ins Leere und es werden keine konkreten Veränderungs-maßnahmen festgehalten. Zur Prävention können gemeinsame Verhaltensregeln (Pünktlichkeit, keine Smartphones usw.) mit allen Beteiligten vereinbart werden.

Insgesamt gilt: Ein Jour fixe, der keine „Plauderstunde" sein soll, muss lösungs-orientiert gestaltet sein, um seinem bedeutungsvollen Stellenwert im Sinne eines nachhaltigen Personalmanagements gerecht zu werden.

▶ Ein Leitfaden für die Vorbereitung, Durchführung und Nachbereitung eines Jour fixe kann über ExtrasOnline heruntergeladen und individu-ell angepasst werden.

Checkliste 3: Den Jour fixe lösungsorientiert gestalten

1. Vorbereiten
☐ **Einen festen Termin und Dauer bestimmen:** Es wird ein fester, regelmäßiger und ver-bindlicher Termin (bspw. jeden Montag) sowie der zeitliche Rahmen des Gesprächs festgelegt

☐ **Eine positive Gesprächsatmosphäre schaffen:** Ein ruhiger und freundlicher Besprechungsraum ist die Basis für eine positive Gesprächsatmosphäre. Darüber hinaus können eine Sitzordnung, bei der sich alle Teilnehmer anschauen, nützliche Kommunikationsmedien sowie Getränke und ggf. „Nervennahrung" Rahmenbedingungen eines positiven Arbeitsklimas sein

☐ **Rollen festlegen:** Notwendige Aufgaben für die Vorbereitung, Durchführung und Nachbereitung des Jour fixes werden verteilt (Leitung, Protokoll und Zeitmanagement)

☐ **Eine Agenda erstellen:** Sie verdeutlicht Ziele und den Sinn des Jour fixes. Themen und Diskussionspunkte für die Agenda ergeben sich aus der täglichen Arbeit, dem vorherigen Jour fixe sowie aus der Feedback-Box. Sie werden vorab kommuniziert, sodass sich Mit-arbeiter ggf. vorbereiten können

2. Durchführen
☐ **Zeitmanagement berücksichtigen:** Die Themen der Agenda sind zeitlich eingeteilt. Wichtige Themen sind zu priorisieren, sodass der zeitliche Rahmen eingehalten werden kann (siehe Abschn. 3.9)

☐ **Protokollieren:** Die wesentlichen Diskussionspunkte, Veränderungsmaßnahmen, Aufgaben und Verbindlichkeiten sind in einem Protokoll/Leitfaden festzuhalten, sodass sie auch für Unbeteiligte nachvollziehbar sind

☐ **Konkrete Ziele:** Anstatt Probleme und offene Fragen zu vertagen, werden konkrete Ziele definiert und SMART (spezifisch, messbar, aktionsorientiert, realistisch, terminiert) formuliert (siehe Abschn. 3.9)

☐ **Konkrete Aufgaben und Verbindlichkeiten:** Um die Ergebnisse zu realisieren, werden Verbindlichkeiten festgelegt: Konkrete Maßnahmen, verantwortliche Personen und das Planen eines zeitlichen Rahmens für die Umsetzung

☐ **Mit etwas Positivem abschließen:** Da es in einem Jour fixe meist zur Besprechung von Problemen kommt, hilft ein positiver, wertschätzender Abschluss mit einem Fokus darauf, was in der letzten Woche alles geschafft wurde (und zwar sehr viel!). Dies ermöglicht ein positives Gefühl und fördert die Motivation

3. Nachbereiten
☐ **Den Jour fixe evaluieren:** Wie haben die Teilnehmer den Jour fixe empfunden? Feedback kann dabei helfen, den Ablauf des kommenden Jour fixes zu verbessern

☐ **Ergebnisse kommunizieren:** Diskussionspunkte, Veränderungsmaßnahmen, Aufgaben und Verbindlichkeiten werden allen Mitarbeitern zur Verfügung gestellt (z. B. Ausdruck, Übergabegespräch usw.), sodass eine schnelle Umsetzung gelingt

3.3   Regelmäßig(e) Mitarbeitergespräche führen

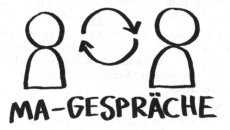

Ein Mitarbeitergespräch ist ein geplantes und strukturiertes Gespräch, das den Austausch zwischen Führungskraft und einem Mitarbeiter ermöglicht. Grundsätzlich können zwei Arten von Mitarbeitergesprächen unterschieden werden: Zum einen Gespräche die regelmäßig, meist jährlich geplant und durchgeführt werden (Beurteilungs-, Entwicklungs- und Zielvereinbarungsgespräche) und zum anderen solche, die spontan aufgrund eines bestimmten Anlasses (Feedback-,

Konflikt-, Delegationsgespräche sowie Einstellungs- und Trennungsgespräche) stattfinden (Hossiep et al. 2008; Kowalzik 2005).

Als zentrale Kommunikationsbausteine haben beide Arten von Mitarbeitergesprächen einen Nutzen für das Personalmanagement. Sie können sowohl die Mitarbeiterzufriedenheit, -motivation und -bindung positiv beeinflussen als auch Vertrauensbeziehungen aufbauen und stärken. Dies hängt nicht zuletzt mit den Zielen zusammen, die gemeinsam mit dem jeweiligen Mitarbeiter (in dem Gespräch) erreicht werden sollen (Hossiep et al. 2008).

Mögliche Ziele eines Mitarbeitergespräches
- Die kurz-, mittel- und langfristigen Ausrichtung der Einrichtung kommunizieren, Aufgaben delegieren und Kenntnisse vermitteln.
- Den Mitarbeitern Wertschätzung und Feedback (positiv und negativ) für erbrachte Leistungen geben.
- Die berufliche und persönliche Entwicklung besprechen.
- Gemeinsam mögliche Fort- und Weiterbildungen diskutieren und planen.
- Wissen, Erfahrungen und Meinungen der Mitarbeiter zu einem bestimmten Thema erfragen.
- (Persönliche) Konflikte lösen.

▶ Ein Leitfaden für die Vorbereitung, Durchführung und Nachbereitung eines Mitarbeitergespräches kann über ExtrasOnline heruntergeladen und individuell angepasst werden.

Checkliste 4: Regelmäßig(e) Mitarbeitergespräche führen

1. Vorbereiten
☐ **Anlass und Ziele bestimmen:** Was ist der Anlass des Mitarbeitergesprächs? Welche Ziele werden verfolgt? Relevante Informationen werden vor und nach dem Gespräch allen Beteiligten mitgeteilt

☐ **Termin und Dauer festlegen:** Frühzeitig werden Termine bestimmt, ausreichend Zeit eingeplant und alle Beteiligten werden informiert

☐ **Eine positive Gesprächsatmosphäre schaffen:** Ein ruhiger und freundlicher Besprechungsraum ist die Basis für eine positive Gesprächsatmosphäre. Mitarbeiter und Führungskraft sitzen auf Augenhöhe gegenüber, Getränke werden bereitgestellt und eine freundliche Begrüßung hilft das „Eis zu brechen"

☐ **Gesprächsablauf planen:** Gesprächsbeginn, Rückblick, Ausblick, Gesprächs-
abschluss: Dem Mitarbeiter wird Raum für seine persönliche Perspektive gegeben und das
Gespräch beinhaltet gegenseitiges Feedback. Konkrete Fragen/Themen können im Vorfeld
in einen Leitfaden notiert werden

2. Durchführen

☐ **Zeitmanagement beachten:** Der Gesprächsablauf wird zeitlich grob eingeteilt, sodass
thematische Prioritäten gesetzt werden können. Es wird ausreichend Gesprächszeit für den
Mitarbeiter eingeplant (siehe Abschn. 3.9)

☐ **Protokollieren:** Wesentliche Ergebnisse und Zielvereinbarungen sind in einem Leitfaden festzuhalten, um sie allen Beteiligten zur Verfügung stellen zu können

☐ **Gesprächsverlauf vorstellen:** Nach freundlicher Begrüßung und Smalltalk werden
Anlass, Ziele, Themen und Dauer des Gesprächs vorgestellt

☐ **Gemeinsam zurückblicken:** Wie ist die Sicht des Mitarbeiters hinsichtlich der Auf-
gabenerfüllung und Zusammenarbeit? Wie ist die Perspektive der Führungskraft? Was hat
gut funktioniert? Wo bestehen Entwicklungs- und Verbesserungspotenziale?

☐ **Gemeinsam nach vorne schauen:** Was sind die persönlichen und beruflichen Ziele
des Mitarbeiters? Welche Möglichkeiten zur Unterstützung gibt es? Welche Zielvereinbarungen sind sinnvoll?

☐ **Zielvereinbarungen treffen:** Ziele werden SMART (spezifisch, messbar, aktionsorientiert, realistisch, terminiert) formuliert (siehe Abschn. 3.9), Fort-und Weiterbildungsmöglichkeiten vereinbart und Verbindlichkeiten festgeschrieben

☐ **Fragen und Anregungen zulassen:** Der Mitarbeiter bekommt gegen Ende die
Möglichkeit zusätzliche (auch themenunabhängige) Fragen und Anregungen einzubringen

☐ **Mit etwas Positivem abschließen:** Das Zusammenfassen von positiven Aspekten zeigt
Wertschätzung, kann motivierend wirken und Vertrauensbeziehungen stärken

3. Nachbereiten

☐ **Das Gespräch evaluieren:** Wie wurde das Gespräch empfunden? Wurden die
Gesprächsziele erreicht? Gegenseitiges Feedback hilft bei der Vorbereitung und Durchführung künftiger Mitarbeitergespräche

---

Ein attraktiver Arbeitgeber trotz Trennung
Enttäuschung, Angst und/oder Wut: Personaltrennungen sind oft nicht einfach und verständlicherweise mit vielen Emotionen verbunden. Dennoch
besitzen zwei Drittel der deutschen Unternehmen weder Prozesse und Stra-
tegien, um die Personaltrennung fair, wertschätzend und klar zu gestalten,
noch werden Führungskräfte auf diese Aufgabe explizit vorbereitet. Da
eine Personaltrennung aber auch Auswirkungen auf die Bindung und

Motivation der verbleibenden Mitarbeiter („Flur-Funk", Umgang in der Einrichtung, Unsicherheit) sowie die Außendarstellung (Mundpropaganda, negative PR) hat, besitzt die Personaltrennung einen wichtigen Einfluss auf die Arbeitgeberattraktivität (Euchner und Fricke 2016; Zaugg 2009).

Nachdem die Entscheidung für die Trennung getroffen und alle für den Trennungsprozess relevanten Beteiligten informiert wurden, ist **das Trennungsgespräch** von zentraler Bedeutung. Entscheidend ist, dass die Trennungsbotschaft kurz und präzise formuliert und dem Gesprächspartner Zeit für Antworten sowie Raum für Emotionen gegeben wird. Um „im Guten" auseinander zu gehen und einen respektvollen Abschied zu ermöglichen, können Trennungsrituale, wie bspw. eine offizielle Verabschiedung, ein Zusammenkommen und/oder ein Abschiedsgeschenk, einen positiven Abschluss darstellen. Zusätzliche Unterstützung bei Bewerbungen für einen neuen Arbeitsplatz, Empfehlungsschreiben und ggf. das Anbieten psychologischer Betreuung, helfen dabei, dass ehemalige Mitarbeiter die Einrichtung in guter Erinnerung behalten (Wurth 2017).

3.4   Eine Feedback-Box anbringen

Schriftliche Beteiligungsmaßnahmen ergänzen den persönlichen Austausch, indem sie Mitarbeitern ermöglichen sich anonym zu äußern. Sie bekommen die Gelegenheit ihre Wünsche, Anregungen und Verbesserungsvorschläge den Führungskräften offen mitzuteilen, ohne Konsequenzen fürchten zu müssen. Entscheidende Vorteile sind der geringe zeitliche und finanzielle Aufwand zur Einführung und der elementare Nutzen, der bei aktiver Beteiligung der Mitarbeiter geschaffen werden kann (Stolzenberg und Heberle 2013; Thom und Piening 2009).

Die Vorteile schriftlicher Beteiligungsmaßnahmen
* Mitarbeiter können jederzeit Feedback geben.
* Das Feedback ist aufgrund der Anonymität oft kritischer und ehrlicher.
* Missstände können früher erkannt und Konflikten vorgebeugt werden.
* Motivation und Bindung der Mitarbeiter – insofern diese erkennen, dass ihre Wünsche, Anregungen und Verbesserungsvorschläge Aufmerksamkeit erfahren und dazu beitragen, ihren Arbeitsplatz und die Zusammenarbeit zu verbessern.

Die Feedback-Box
Die wahrscheinlich meist genutzte schriftliche Beteiligungsform ist die Feedback-Box – oft auch Kummerkasten, Ideen- oder Vorschlagsbox genannt. Die Mitarbeiter können anonym ihr Feedback in eine Box (meist in Form eines Briefkastens) werfen, die dann regelmäßig von einer Führungskraft geleert wird.

Damit das große Potenzial der Feedback-Box unter Einbeziehung der Mitarbeiter genutzt werden kann und sie nicht nur als Kanal zum Frustablassen gesehen wird, hilft die nachfolgende Checkliste bei der Einführung. Ergänzend kann ein Feedback-Bogen mit lösungsorientierten Leitfragen dabei unterstützen, konkrete Verbesserungsvorschläge zu erhalten.

▶ Ein Vordruck für den Feedback-Bogen, der sich an die vier Phasen der Gewaltfreien Kommunikation orientiert, kann über ExtrasOnline heruntergeladen und individuell angepasst werden.

Checkliste 5: Eine Feedback-Box zur stetigen Verbesserung

☐ **Die Feedback-Box gestalten:** Welchen Namen soll die Box bekommen? Eine positive Bezeichnung (Feedback-Box oder Ideen-Box) legt den Fokus auf Lösungen, anstatt „Frustablassen". Wie kann die Box gestaltet werden, dass anonyme Beteiligungen möglich sind?

☐ **Die Formulare vorbereiten:** Welche Leitfragen befinden sich auf dem Feedback-Bogen? Wo werden die Vordrucke ausgelegt? Der Vordruck in ExtrasOnline orientiert sich an den vier Phasen der Gewaltfreien Kommunikation

☐ **Einen Anbringungsort wählen:** Welcher Ort ist zentral und bietet trotzdem die Voraussetzung die Feedback-Box anonym zu nutzen?

☐ **Den Nutzen kommunizieren:** Den Mitarbeitern wird der Sinn und Zweck der Feedback-Box regelmäßig kommuniziert, um sie zur Beteiligung zu motivieren. Dies gelingt insbesondere, wenn sie merken, dass ihr Feedback ernst genommen wird

☐ **Verantwortliche festlegen:** Wer wäre geeignet, das Leeren und Aufbereiten der eingereichten Inhalte zu gewährleisten? Wer ist Ansprechpartner bei Fragen?

☐ **Die Einreichungen verwalten:** Wie oft wird die Box geleert? Dies sollte regelmäßig geschehen, damit wertvolle Verbesserungsvorschläge genutzt werden können. Was passiert mit den eingereichten Inhalten? Welche Rückmeldungen und Handlungen können die Mitarbeiter erwarten (z. B. Aufgreifen in dem nächsten Jour fixe)? Welche Feedbacks, Fragen und Antworten werden veröffentlicht?

☐ **Anreize schaffen:** Die wahrscheinlich stärkste Motivation Feedback zu geben ist, dass daraus Verbesserungen entstehen und Wertschätzung gezeigt wird. Zusätzlich können aber auch Belohnungen des Teams (z. B. Einladung für einen Restaurantbesuch) motivieren, den Stellenwert der Feedback-Box erhöhen und das Gemeinschaftsgefühl stärken

3.5 Anregungen für weitere schriftliche Beteiligungsformen

Die Checkliste für die Feedback-Box kann zudem als Orientierungshilfe für die Gestaltung und Anwendung der nachfolgenden weiteren schriftlichen Beteiligungsformen dienen.

Das Ideenbuch
Bei der täglichen Arbeit entstehen gelegentlich Ideen für Verbesserungen. Oft bleiben diese aber nur in den Köpfen der Mitarbeiter. Das Ideenbuch bietet eine schnelle und einfache Möglichkeit eigene Verbesserungsvorschläge auszuformulieren, diese ergänzen zu lassen sowie Feedback von den Mitarbeitern zu erhalten. Die Ergebnisse können dann als Gruppenvorschlag in dem nächsten

Jour fixe vorgestellt werden. Das Ideenbuch ist eine nützliche Kreativitätstechnik, die das Prinzip des Brainwritings nutzt.

Die Wissensbörse
Wissen und Erfahrungen sind wichtige Erfolgsfaktoren in Pflegeeinrichtungen. Eine „Wissensbörse" kann das Teilen von wichtigen Erfahrungen zwischen den Mitarbeitern fördern, was vor allem für das Lernen von Auszubildenden sehr hilfreich sein kann. Nach dem „Ich suche/Ich biete"-Prinzip werden im Rahmen der Wissensbörse Ausschreibungen für gesuchtes oder vorhandenes Wissen im Pausenraum, am Schwarzen Brett oder im Rahmen eines Jour fixes bekannt gemacht. Ein Auszubildender könnte ein „Ich suche… Verband wechseln bei Bewohner XY" oder eine examinierte Pflegekraft „Ich biete… Grundwissen zur Palliativpflege bei Demenz" ausschreiben. Mitarbeiter, die aktiv Hilfe suchen und anbieten finden so schnell zusammen.

Befragungen
Schriftliche Befragungen ermöglichen die schnelle, anonyme Bewertung eines Themas oder einer Situation durch die Mitarbeiter. Mit Fragebögen können die Zufriedenheit mit Veränderungen oder der Umgang im Team untereinander festgestellt werden. Diese werden oft auch über eine öffentliche Stellwand durchgeführt, in der die Mitarbeiter durch das Kleben von Stickern eine „Zwischenstandmeldung" (bspw. zum derzeitigen Stressempfinden, Meinungen zu gesundheitsförderlichen Maßnahmen usw.) eintragen. Die Führungskräfte können so die authentische Sicht der Mitarbeiter hinsichtlich aktueller Situationen oder Maßnahmen besser einschätzen.

Schriftliche Beteiligungsformen 2.0
Die Digitalisierung, das Internet und damit verbundene Apps oder Online-Plattformen bieten die Möglichkeit eine Feedback-Box, ein Ideenbuch, eine Wissensbörse oder Befragungen online durchzuführen. Mittlerweile lassen sich hier günstige, zum Teil kostenlose, Angebote finden: Die Apps Minimeter, Slack, Allo, Jive oder MindLink sind einige Beispiele, die langfristig auch für Pflegeeinrichtungen interessant sein können, aber hinsichtlich ihrer Chancen und Risiken (u. a. neue Datenschutzbestimmungen) durchdacht werden müssen.

3.6 Happy News bewusst machen

Was war der schönste Moment der Arbeitswoche? Oft kommen positive Nachrichten („Happy News") in Pflegeeinrichtungen zu kurz, da in Jours fixes, Übergabegesprächen usw. meist nur neue Herausforderungen besprochen werden. Es ist wenig Zeit für das vorhanden, was in der letzten Woche alles geschafft wurde.

Für 68 % der Pflegekräfte ist „Sinnvolles tun" ihre Motivation für die tägliche Arbeit (Scharfenberg 2016). Die Gefahr besteht, dass dieses Sinnempfinden in den Hintergrund gerät, wenn der Fokus auf täglichen Problemen liegt. Deshalb ist es wichtig Erfolge zu würdigen, Hoffnung zu verbreiten und Optimismus zu teilen (vgl. Abb. 3.1). Eine positive Unternehmenskultur entsteht vor allem durch positive Sinnstiftung, positive Emotionen sowie positive menschlichen Beziehungen (Tomoff 2015 nach Dutton und Glynn 2007).

Die Verschriftlichung und Kommunikation der Happy News der Woche hilft dabei

- sich gegenseitig bewusst zu machen, wie bedeutend die eigene Arbeit ist,
- welche schönen Momente sie immer wieder mit sich bringt,
- diese mit Kollegen, Bewohnern und Bewerbern teilen zu können, sowie
- eine positive Stimmung zu erzeugen, und
- den Zusammenhalt zu fördern.

Abb. 3.1   Beispiele für Happy News. (Quelle: eigene Darstellung)

Checkliste 6: Happy News etablieren

☐ **Verantwortliche festlegen:** Wer ist motiviert, die guten Nachrichten der Woche zu erfragen, festzuhalten und zu teilen? Wäre dies ein gutes Projekt für die Azubis? Verantwortlichkeiten helfen bei der Etablierung von Happy News

☐ **Vordruck erstellen:** Braucht es eine Leitfrage für die Happy News? Beispielfragen könnten sein: „Was war Ihr schönster Moment der Arbeitswoche?" oder „Warum arbeiten Sie gerne in unserer Einrichtung?"

☐ **Beteiligung fördern:** Die Verantwortlichen können Happy News bspw. in einem Jour fixe oder Übergabegespräch erfragen, vorstellen oder Vordrucke auslegen. Führungskräfte motivieren ihre Kollegen zusätzlich, wenn sie selbst als gutes Beispiel voran gehen und ihre Happy News teilen

☐ **Happy News teilen:** Wo können wie viele Happy News bzw. Vordrucke ausgestellt werden? Wo und wie können Mitarbeiter und Bewohner von den Happy News erfahren? Welche Ideen haben Mitarbeiter und Bewohner?

☐ **Happy News nutzen:** Was passiert mit den Vordrucken der letzten Wochen? Sie könnten bspw. gesammelt im Pausenraum ausgehangen werden. Zudem können die Happy News auch über die Website, soziale Medien oder andere Kommunikationskanäle nach außen getragen werden – Bewerber erhalten so einen authentischen Eindruck

☐ **Weitere Anreize schaffen:** Wie können die langfristige Teilnahme und/oder die schönsten Zitate wertgeschätzt werden? Wie kann die Heimleitung zusätzlich beim Etablieren der Happy News unterstützen?

„Dankbar sein" sind persönliche Happy News
Auch Dankbarkeit für hilfreiches Feedback, gute Teamarbeit oder einen gemachten Kaffee sind Happy News. Wer dankbar ist, kann im gleichen Moment nicht unglücklich sein (Lyubomirsky 2008). Der stressige Arbeitsalltag führt oft dazu, dass Vieles als selbstverständlich oder Routine gesehen wird und wenig Zeit bleibt, um (mal richtig) „Danke" zu sagen. Des Weiteren ist es aufgrund bestehender Ressentiments manchmal gar nicht so einfach, sich im Team verbal zu bedanken. Um mehr Raum dafür zu schaffen, kann eine „Dankstelle" eingerichtet werden – eine öffentliche Pinnwand, an der Mitarbeiter Zettel/Karten mit ihren Dankesbotschaften aushängen können (Tomoff 2015). Die Adressaten freuen sich über diese wertschätzenden Gesten und weitere persönliche Happy News in der Einrichtung entstehen. Zusätzlich können auch Postkarten neben der Dank-Stelle ausgelegt werden, die die Mitarbeiter mit einer persönlichen Botschaft beschreiben und einem Kollegen „zustecken" können.

3.7 Interne Ausschreibungen bekannt machen

Fort- und Weiterbildungen und ein vielseitiges Aufgabenspektrum sind Bedürfnisse vieler Mitarbeiter für ihre persönliche und berufliche Entwicklung (Scharfenberg 2016). Dies kommt auch den Pflegeeinrichtungen zugute, da neu gewonnene Kompetenzen, der Erfahrungsaustausch und das Übernehmen von Aufgaben notwendig sind, um die täglichen und langfristigen Anforderungen zu meistern. Oft bestehen Kommunikationsbarrieren zwischen Mitarbeitern und Führungskräften: Die Mitarbeiter wissen nicht, an welchen Fort- und Weiterbildungen sie teilnehmen können, die Führungskräfte wissen nicht, welcher

Mitarbeiter Interesse an welcher neuen Aufgabe besitzt. Um die Vergabe von
Fort- und Weiterbildungen transparent zu gestalten und Interesse für die Teilnahme zu schaffen, können diese in Form von internen Ausschreibungen kommuniziert werden (Füg 2005).

> **Interne Ausschreibungen ermöglichen, ...**
> * Aufmerksamkeit für Fort- und Weiterbildungen,
> * das Wecken von Interesse,
> * das Aufzeigen der Bedeutsamkeit für die Einrichtung,
> * den Einbezug der Mitarbeiter,
> * das Motivieren der Mitarbeiter, und
> * Chancengleichheit.

Checkliste 7: Interne Ausschreibungen bekannt machen

☐ **Verantwortliche festlegen:** Wer hätte Interesse daran, die internen Ausschreibungen zu
formulieren, zu gestalten und zu kommunizieren? Wer ist Ansprechpartner für Fragen und
Rückmeldungen?

☐ **Thema/Titel auswählen:** Welche Fort- oder Weiterbildung soll ausgeschrieben werden? Welche anderen Aufgaben (z. B. Social Media-Team, Betreuung der Feedback-Box
oder die Verantwortlichen für die internen Ausschreibungen selbst) können ausgeschrieben
werden?

☐ **Ausgestaltung der Ausschreibung:** Welche Informationen sollte die Ausschreibung
enthalten? Für die Mitarbeiter werden insbesondere Ziele und Inhalte, die Teilnehmer-
gruppe und -anzahl, der Termin, die Kosten(-übernahme) und der Ort sowie Informationen
zu den Dozenten von Interesse sein

☐ **Ausschreibung kommunizieren:** Wie können die Ausschreibungen an möglichst alle
Mitarbeiter verbreitet werden? An welchen Orten können interne Ausschreibungen ausgehangen werden (Schwarzes Brett, Pausenraum usw.)? Welche weiteren Möglichkeiten
zur Kommunikation von diesen Ausschreibungen erreichen die Mitarbeiter (Jour fixe,
Mitarbeitergespräch usw.)?

☐ **Rückmeldungen ermöglichen:** Wie können interessierte Mitarbeiter mit den Verantwortlichen in Kontakt treten (schriftlich und/oder persönlich)?

☐ **Persönliches Gespräch:** Wann und mit wem kann ein (Mitarbeiter-)Gespräch vereinbart werden, um weitere Schritte und Rahmenbedingungen zu besprechen?

3.8 Gemeinsam(e) Rituale schaffen

Die jährliche Weihnachtsfeier, das monatliche Erinnerungscafé zum Gedanken ehemaliger Bewohner oder das gegenseitige Backen eines Kuchens zum Geburtstag sind Rituale, die in vielen Pflegeeinrichtungen zu finden sind. Rituale in Unternehmen sind formale oder informale Routinen, die allen Mitarbeitern bewusst sind. Häufig werden aber vor allem wertschätzende Rituale aufgrund von Zeitdruck und einer stressigen Arbeitswoche vernachlässigt und verschwinden irgendwann ganz. Dies ist fatal, denn sie sind wichtig für die Identität von Unternehmen aller Art (Echter 2012).

Je nach Anlass helfen Rituale dabei, …
- neue Routinen/Arbeitsprozesse zu etablieren,
- Sicherheit bei Veränderungsprozessen zu geben,
- den Zusammenhalt im Team zu fördern („Bei uns machen wir das…"),
- Erfolge zu feiern,
- zu motivieren,
- Wertschätzung zu zeigen, und
- die Vergangenheit zu verarbeiten, um sich auf Neues einzulassen.

Abb. 3.2 Rituale am Arbeitsplatz – Beispiele. (Quelle: eigene Darstellung)

Auch das Schaffen und Etablieren von Ritualen bietet Potenzial die Mitarbeiter miteinzubeziehen: Zum einen können diese bei der Konzeption und Durchführung kreativ werden und so ihren eigenen Arbeitsplatz gestalten. Zum anderen kennen die Mitarbeiter die Bedürfnisse und Interessen ihrer Kollegen am besten und können dabei helfen Rituale (bspw. das Feiern eines Jubiläums) individuell zu gestalten (vgl. Abb. 3.2).

Checkliste 8: Gemeinsam(e) Rituale schaffen

☐ **Verantwortliche festlegen:** Wer hätte Interesse daran, beim Etablieren wertschätzender Rituale mitzuarbeiten? Besonders am Anfang braucht es Motivatoren, bis Routinen entstehen

☐ **Anlass bestimmen:** Welche Anlässe bieten sich an, um Wertschätzung zu zeigen? Wo und wann können gemeinsame Rituale durchgeführt werden?

☐ **Ritual auswählen:** Welches Ritual soll, immer wenn der bestimmte Anlass auftritt, durchgeführt werden? Wie sieht die Vorbereitung aus? Wie wird die regelmäßige Durchführung sichergestellt?

☐ **Rituale hinterfragen:** Welche (alten) Rituale können ggf. erneuert werden? Was sagen die Mitarbeiter? Wie können die Rituale in Zukunft angepasst bzw. verändert werden?

3.9   Unterstützende Werkzeuge

Neben den Checklisten, Leitfäden und Vordrucken zu den bereits vorgestellten Kommunikationsbausteinen, können weitere kommunikative Werkzeuge die tägliche Zusammenarbeit unterstützen. Sie fördern **eine positive Kommunikationskultur.**

▶   Hilfen in Form von kurzen, praxisnahen Handouts für das Zeit-management, das Aufstellen von Zielen, Feedback geben und Auf-gaben delegieren befinden sich in ExtrasOnline.

Checkliste 9: Unterstützende Werkzeuge für die interne Kommunikation

☐ **Zeitmanagement heißt Prioritäten setzen:** Die Eisenhower-Matrix besteht aus vier übersichtlichen Quadranten, die dabei helfen Prioritäten und Probleme zu erkennen und die weitere Vorgehensweise zu bestimmen. Sie hilft Führungskräften und Mitarbeitern dabei zu entscheiden, welche Aufgaben zu welchem Zeitpunkt erledigt bzw. erst ein-mal verworfen werden können. Eine grafische Einteilung schafft einen übersichtlichen Gesamteindruck

☐ **Ziele erreichen durch SMARTe Formulierungen:** Ziele lassen sich am besten dann erreichen, wenn sie vorab möglichst genau durchdacht und ausformuliert werden. Dabei können auch Teilziele festgelegt werden, was besonders bei umfangreicheren Zielen empfehlenswert ist. Zur Konkretisierung hilft die *SMART-Formel:* Ziele sollten spezifisch, messbar, attraktiv, realistisch und terminiert formuliert werden

☐ **Feedback richtig geben und nehmen:** Damit regelmäßiges Feedback dabei hilft, Wertschätzung zu zeigen, Arbeitsprozesse zu verbessern und die persönliche Weiterentwicklung zu fördern, sind Feedbackregeln sinnvoll. Werden diese in der Einrichtung gelebt, entsteht nach und nach eine Feedback-Kultur und ein wertschätzendes sowie konstruktives Arbeitsklima

☐ **Die fünf Stufen der Delegation:** Verantwortung und Aufgaben zu delegieren bedeutet Vertrauen zu geben. Je nachdem, wie viel Vertrauen in das Wissen, die Kompetenzen und die Integrität der Mitarbeiter geschenkt wird, können komplexere Aufgaben delegiert werden. Weniger Unterstützung und Kontrolle über die Aufgabenbearbeitung muss stattfinden. Die sechs Stufen der Delegation helfen dabei Verantwortung abzugeben bzw. Aufgaben zu delegieren

▶   Die Handouts für diese kommunikativen Werkzeuge können über ExtrasOnline heruntergeladen werden.

Mitarbeiter gewinnen

4

Die beste Methode, eine gute Idee zu bekommen, ist, viele Ideen zu haben (Linus Pauling).

4.1 Anforderungsorientierte Personalplanung

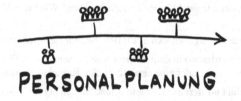

Die Personalplanung leistet einen wichtigen Beitrag für ein nachhaltiges Personalmanagement, da sie den momentanen mit dem zukünftigen Personalbestand vergleicht und aufzeigt, welche Kompetenzen kurz-, mittel- und langfristig gebraucht werden. Die vorausschauende Planung hilft dabei „überraschende" Abgänge zu antizipieren und Entwicklungspotenziale aufzudecken.

Eine nachhaltige Personalplanung besteht aus zwei Teilen: Die quantitative Planung anhand einer Personalbedarfsanalyse ermittelt, wie viele Mitarbeiter, zu welchem Zeitpunkt in welcher Einrichtung gebraucht werden. Die qualitative Planung durch eine Anforderungsanalyse beschreibt die Anforderungen, um dem anspruchsvollen Pflegealltag gerecht zu werden.

© Springer Fachmedien Wiesbaden GmbH, ein Teil von Springer Nature 2019 31
L. Rottmann und D. Witte, *Mitarbeiter (ein)binden und gewinnen,* essentials,
https://doi.org/10.1007/978-3-658-23482-9_4

Die Personalbedarfsanalyse – „Wie viele Stellen sind zu besetzen?"
Das Ziel der Personalbedarfsanalyse ist es, zu ermitteln, wie viel Personal in den nächsten Monaten und Jahren gebraucht wird. Die langfristige, jährlich durchgeführte Planung hilft dabei „überraschende Abgänge" oder betriebliche Veränderungen zu antizipieren, um einen Personalstamm sicherzustellen. Dieser sollte in der Lage sein kurzfristige Ausfälle zu kompensieren und eine hohe Pflegequalität zu gewährleisten. Das Vorgehen der Bedarfsanalyse ist simpel: Führungskräfte und Mitarbeiter versuchen gemeinsam anhand bisheriger Erfahrungswerte und persönlicher Entwicklungen nachfolgende Fragen zu beantworten (Kanning 2017).

Checkliste 10: Personalbedarf – Wie viele Stellen sind zu besetzen?

☐ Welche Stellen werden aufgrund von Verrentung oder Schwangerschaften frei?

☐ Wie viele Mitarbeiter werden sich vermutlich beruflich neu orientieren?

☐ Welche weiteren Gründe für Abgänge könnte es geben? Wie viele Abgänge entstehen dadurch?

☐ Welche Veränderungen ergeben sich aus möglichen Pflegestufenentwicklungen?

☐ Wie viele Stellen werden wo in dem Zeitraum neu geschaffen, weil bspw. der ambulante Pflegedienst ausgebaut oder eine neue stationäre Einrichtung eröffnet wird?

=**Den Personalbedarf addieren:** Wie viele offene Stellen ergeben sich, in welchen Einrichtungen und zu welchen Zeitpunkten, insgesamt?

Die Anforderungsanalyse – „Welche Kompetenzen sollten die Mitarbeiter aufweisen?"
Ziel der Anforderungsanalyse ist es, ein Kompetenzprofil zu erstellen, das den momentanen und künftigen Anforderungen einer Stelle gerecht wird. Dieses besteht aus den Fach-, Methoden-, Sozial- und Selbstkompetenzen, die „den perfekten Mitarbeiter" beschreiben – sozusagen ein Soll-Zustand, der mit dem momentan Personalbestand verglichen werden kann, um zu erkennen, welche Kompetenzen kurz-, mittel- und langfristig gebraucht werden (Kauffeld 2011).

Der Nutzen des Kompetenzprofils

- **Personalmarketing:** Das Kompetenzprofil ist Teil der Stellenanzeige („Was wird erwartet?").
- **Personalauswahl:** Das Kompetenzprofil stellt die Kriterien für eine fundierte Personalauswahl dar.
- **Personalentwicklung:** Das Kompetenzprofil dient als Grundlage zur Entscheidung, bei welchen Mitarbeitern, welche Kompetenzen entwickelt werden können bzw. sollen.

Checkliste 11: Das Kompetenzprofil – Welche Kompetenzen sind notwendig?

☐ **Fachkompetenzen:** Welche fachlichen Qualifikationen (z. B. Ausbildung, Weiterbildungen) sollten die Mitarbeiter für die unterschiedlichen Stellen mitbringen?

☐ **Methodenkompetenzen:** Welche Fähigkeiten braucht es, um diese Aufgaben ausführen zu können (z. B. eigenverantwortlich Lösungen finden, ganzheitliches Denken)?

☐ **Sozialkompetenzen:** Welche Fähigkeiten im Umgang mit anderen Menschen (z. B. aktiv Hilfe suchen, Konfliktfähigkeit) sollten die Mitarbeiter besitzen?

☐ **Selbstkompetenzen:** Welche Persönlichkeitseigenschaften (z. B. Gewissenhaftigkeit, Offenheit) sind wichtig für die täglichen Aufgaben?

Das Erstellen eines Kompetenzprofils ist durchaus zeitintensiv und mit einem gewissen methodischen „know-how" verbunden, sodass sich die Hilfe von externen Beratern lohnt, die durch verschiedene Interviewtechniken im Rahmen von Führungskräfte- und Mitarbeiterbefragungen intuitiv, arbeitsplatz- oder personalanalytisch die individuellen Anforderungen ermitteln. Alternativ kann mit eigenen Erfahrungen auch intuitiv eine Anforderungsanalyse durchgeführt werden.

▶ Ein Kompetenzprofil mit beispielhaften Anforderungen für eine Pflegefachkraft kann über ExtrasOnline heruntergeladen werden.

4.2   Authentisches Personalmarketing

Das Personalmarketing hat zum Ziel mehr und bessere Bewerber zu gewinnen, um vakante Stellen bestmöglich besetzen zu können. Dies geschieht nicht durch überzogene „Werbeversprechen" (Kanning 2017). Das Personalmarketing stellt die tatsächlichen Stärken einer Pflegeeinrichtung dar, die den Bedürfnissen potenzieller Bewerber entsprechen und zugleich die Einzigartigkeit einer Pflegeeinrichtung gegenüber der Konkurrenz zeigt.

Checkliste 12: Erfolgsfaktoren Personalmarketing

☐ Die **Stärken, Anforderungen und Aufgaben** der eigenen Einrichtung analysieren/kennen.

☐ **Ziele festlegen:** Was soll durch das Personalmarketing erreicht werden?

☐ Die Interessen, Fähigkeiten und das Wissen der **Mitarbeiter einbeziehen**

☐ Eine **Arbeitgebermarke** definieren

☐ Eine individuelle und passgenaue **Stellenanzeige** erstellen

☐ Die **Bewerberzielgruppe** bestimmen und deren Bedürfnisse kennen

☐ Bewerberorientierte **Kommunikationskanäle** wählen

☐ Die einzelnen Maßnahmen regelmäßig diskutieren und hinsichtlich ihrer Wirksamkeit **evaluieren**

Eine Arbeitgebermarke definieren

Eine Marke ist ein Versprechen, das im besten Fall die Frage „Was biete ich an?" beantwortet. Ebay steht bspw. für ein gutes Preis-Leistungs-Verhältnis und Apple für Innovation. Seit einigen Jahren hat sich dieses Markenverständnis auch für das Arbeiten in Unternehmen etabliert. Eine positiv wahrgenommene Marke schafft Wettbewerbsvorteile im „War for talents". Die Arbeitgebermarke gibt ein Versprechen, was (zukünftige) Mitarbeiter von ihrem Arbeitgeber erwarten können. Hierbei sollen insbesondere die positiven, tatsächlichen Merkmale einer Pflegeeinrichtung in den Mittelpunkt der Kommunikation gerückt werden, um das Bild der eigenen Einrichtung in der Wahrnehmung der Mitarbeiter und Bewerber zu manifestieren und sich von anderen Einrichtungen abgrenzen zu können. Dementsprechend hat die Arbeitgebermarke einen großen Einfluss auf die Arbeitgeberattraktivität – insbesondere für die „Kommunikation nach außen" (Blazek 2016).

Damit keine falschen Versprechen gemacht werden, hilft ein strategisches Vorgehen bei der Definition der Arbeitgebermarke. Die tatsächlichen Stärken können zum einen aus der Analyse (siehe Kap. 2) und zum anderen aus weiteren Befragungen abgeleitet werden. Mitarbeiter können so bei der Festlegung der Kommunikationsinhalte und -kanäle einbezogen werden, denn sie wissen selbst am besten, was die eigene Einrichtung ausmacht und wie „ihre" Zielgruppe erreicht werden kann. Für die Gestaltung der Inhalte ist vor allem eine einheitliche Kommunikation wichtig, sodass ein Wiedererkennungseffekt entstehen kann.

▶ Ein Fragebogen für das Personalmarketing zur Ermittlung der Arbeitgebermarke, Kommunikationsinhalten und -kanälen für das Personalmarketing kann über ExtrasOnline heruntergeladen werden.

Die Bewerberzielgruppe bestimmen

Für eine zielgruppenorientierte Kommunikation müssen die Bedürfnisse der jeweiligen Bewerbergruppe erkannt und begegnet werden. Einem Auszubildenden werden wahrscheinlich andere Aspekte einer Pflegeeinrichtung wichtig sein, als Menschen der Generation 50+. Das Deutsche Institut für Wirtschaftsforschung e. V. (Schulz 2012) sieht hinsichtlich der Bewerberzielgruppen insbesondere Männer und die Integration von Flüchtlingen bzw. Migranten als große Chance dem Fachkräftemangel zu begegnen. Ein Bericht des Deutschen Caritasverbandes e. V. (Eitenbichler 2016) trägt hierzu Erfahrungen verschiedener Pflegeeinrichtungen zusammen – Diversität kann zu ganz neuen Sichtweisen führen.

Für das Personalmarketing ist nicht zuletzt entscheidend, dass die Inhalte, Kommunikationsmedien und -orte sich an die jeweilige Zielgruppe orientieren. Poster, die in Schulen ausgehangen werden, sollten dementsprechend Informationen zu den verschiedenen Ausbildungsmöglichkeiten bzw. -inhalten und/ oder Zukunftsperspektiven für Schüler sowie Fotos/Bilder, die diese emotional ansprechen, beinhalten.

Im Folgenden wird das Vorgehen zur Formulierung von Kernbotschaften der Marke exemplarisch aufgezeigt. Wichtig ist, dass **alle** Maßnahmen, die sowohl intern als auch extern durchgeführt werden, im Einklang mit der Arbeitgebermarke stehen. So wird diese Stück für Stück entwickelt und in der Wahrnehmung der Mitarbeiter, Bewerber und gesamten Region manifestiert. Dieser Prozess wird auch als **Employer Branding** bezeichnet (Blazek 2016).

Kernbotschaften und Slogan formulieren

Aus den meistgenannten Stärken, aus der Analyse aus Kap. 2 und/oder dem Fragebogen, können wesentliche Kernbotschaften entwickelt werden. Hierdurch werden die einzelnen Aspekte „mit Leben gefüllt" und für Mitarbeiter und Bewerber klar herausgestellt (Blazek 2016).

Beispiel

Freundliches, familiäres Arbeitsklima	Wir bieten ein freundliches und familiäres Arbeitsklima. Unser Team ist wie eine zweite Familie
Viele Fort- und Weiterbildungsmöglichkeiten	Wir bieten für alle Mitarbeiter individuelle Fort- und Weiterbildungsmöglichen. Jeder Mitarbeiter, der sich fortbilden möchte, wird dabei von der Einrichtung unterstützt
Eigenverantwortliches Arbeiten	Unsere Mitarbeiter können ihren Arbeitsplatz aktiv mitgestalten und eigenverantwortlich Arbeiten
…	…

Das Alleinstellungsmerkmal

Nachdem die Kernbotschaften ausformuliert wurden, werden sie in dem nächsten Schritt zu einem ansprechenden, emotionalen Slogan zusammengefasst – das Alleinstellungsmerkmal der Einrichtung (Blazek 2016). Was ist die zentrale

Botschaft der Pflegeeinrichtung als Arbeitgeber auf den Punkt gebracht? Was macht die Arbeit in der Einrichtung aus? Und: Wie kann dies kreativ, sympathisch und glaubwürdig beschrieben werden?

Beispiel

[Name der Einrichtung] ist ein Zuhause für Mitarbeiter und Bewohner

[Name der Einrichtung] – Ein sicherer Job mit gemeinsamer Perspektive

Verantwortung und Sinn durch Pflege bei [Name der Einrichtung]

...

Die entstandenen Kernbotschaften und Slogans können für verschiedene Kommunikationsmedien genutzt werden. Ausgewählte Möglichkeiten, die mit geringen finanziellen Mitteln, aber viel Kreativität umgesetzt werden können, folgen auf den nächsten Seiten.

Eine umfassende Stellenanzeige

Eine aussagekräftige, authentische Stellenanzeige ist der Ausgangspunkt für ein professionelles Personalmarketing: Zum einen zeigt sie einem Bewerber, was von ihm erwartet wird. Zum anderen zeigt sie, warum dieser bei der eigenen Pflegeeinrichtung arbeiten sollte. Damit die gegenseitigen Erwartungshaltungen nicht enttäuscht werden und bspw. eine neu eingestellte Mitarbeiterin nicht nach einigen Wochen die Einrichtung wieder verlässt, sollte eine Stellenanzeige die tatsächlichen Aufgaben, Anforderungen und Stärken widerspiegeln.

Die Stellenanzeige setzt sich aus allen Ergebnissen der Analysen zusammen. Diese kann dann unmittelbar für die eigene Webseite und in Jobportalen (monster.de, stellenanzeigen.de, deutsches-pflegeportal.de, jobs-sozial.de usw.) genutzt werden. Wenn die Stellenanzeige dann als glaubhaft eingeschätzt wird, führt dies zu einer besseren Bewertung der Pflegeeinrichtung und erhöht die Bewerbungsbereitschaft (Kanning 2017).

▶ Eine beispielhafte Stellenanzeige für eine Pflegefachkraft kann über ExtrasOnline heruntergeladen werden.

Checkliste 13: Eine Stellenanzeige erstellen

☐ **Wer sucht?** – *Die Vorstellung der Pflegeeinrichtung:*
Welche (Pflege-)Leistungen werden angeboten? Wie viele Mitarbeiter werden beschäftigt?
An welchen Standorten? Welche Werte werden gelebt? Wie lange existiert die Einrichtung
bereits und wie sieht der Plan für die Zukunft aus?

☐ **Was wird gesucht?** – *Die Aufgaben der Stelle*
Was sind die täglichen Aufgaben bei der Arbeit? Welche Aufgaben können zusätzlich auf
potenzielle Mitarbeiter zukommen? Welche weiteren Informationen könnten für potenzielle Bewerber bspw. in Bezug auf das Arbeitsumfeld interessant sein?

☐ **Was wird erwartet?** – *Die Anforderungen der Stelle*
Braucht es eine bestimmte Schul- oder Berufsausbildung? Ist Berufserfahrung erforder-
lich? Welche persönlichen, methodischen und sozialen Kompetenzen werden erwartet?

☐ **Was wird geboten?** – *Die Stärken der Einrichtung*
Warum sollte ein Bewerber sich unbedingt bewerben? Was ist das Alleinstellungs-
merkmal? Welche Mehrwerte hinsichtlich Arbeitszeiten, Fort- und Weiterbildungen,
Arbeitsklima, Qualitätsstandards oder Bezahlung werden geboten?

☐ **Wie bewerben?** – *Die Kontakt- bzw. Bewerbungsmöglichkeiten*
An wen und wie können Bewerbungen geschickt werden? Welche Unterlagen (Lebenslauf,
Zeugnisse, Anschreiben) werden benötigt? Wer ist die Kontaktperson für mögliche Fragen?

Zeitungsannoncen, Poster und Sticker – Print wird oft unterschätzt

Auch wenn im Zuge von „Personalmarketing 2.0" Annoncen in regionalen Zeitungen oft vernachlässigt werden, haben diese durchaus ihre Berechtigung: 70 %
der Pflegekräfte arbeiten im Umkreis von bis zu 100 km, von dem Ort, an dem
sie aufgewachsen sind. Regionale Zeitungen erreichen diese Zielgruppe. Nach
einer Studie der Fachhochschule Münster besitzen Zeitungsannoncen einen hohen
Stellenwert: Für 50 % der Pflegekräfte ist die Tageszeitung die erste Anlaufstelle
bei der Suche nach einer neuen Stelle (Buxel 2011).

Allerdings ist der gestalterische Platz in einer Annonce, in Abhängigkeit von
dem Budget, was ausgegeben werden kann, meist stark begrenzt. Anstatt eine idealtypische Stellenanzeige zu veröffentlichen, bedarf es bei Zeitungsannoncen Kreativität, um sich von anderen Annoncen abzugrenzen und Aufmerksamkeit zu schaffen.

Neben Zeitungsannoncen gibt es auch weitere Möglichkeiten der Printwerbung,
wie Poster oder Sticker, die trotz der steigenden Bedeutung des Internets eine

Renaissance erleben: Wenn immer mehr Unternehmen online kommunizieren, bieten Printmedien (wieder) die Chance offline Aufmerksamkeit zu schaffen. Insbesondere für die Pflegebranche: Poster und Sticker können in der Region die Arbeitgebermarke schärfen und die Arbeitgeberattraktivität erhöhen. Zum einen werden Arbeitssuchende auf attraktive Stellen aufmerksam gemacht und zum anderen lernen die Menschen in der Region die Pflegeeinrichtung besser kennen. Eine Pflegeeinrichtung, die sich um ihre Mitarbeiter kümmert, ist in der Wahrnehmung der Menschen wahrscheinlich auch insgesamt ein attraktiveres Pflegeheim. Weitere Vorteile von Print sind die Haptik, die intensivere Auseinandersetzung und die erhöhte Glaubwürdigkeit (im Vergleich zu Online-Werbeanzeigen).

Ein mögliches Vorgehen zur Erstellung von Printmedien, in dem die eigenen Mitarbeiter kreativ werden und aktiv mitgestalten können, ist das Erstellen von Skizzen. Sofern sich jemand im eigenen Haus mit Grafikbearbeitung auskennt, kann diese Person die Skizzen digitalisieren. Im Regelfall erleichtert das Anfertigen von Skizzen zudem die Kooperation mit Grafikern (aus der Region).

Checkliste 14: Zeitungsannoncen, Poster und Sticker erstellen

☐ **Verantwortliche finden und beauftragen:** Wer ist kreativ und hätte Interesse daran, Zeitungsannoncen, Poster und/oder Sticker für die die Pflegeeinrichtung zu erstellen und deren Verbreitung zu betreuen?

☐ **Skizzen erstellen** (vgl. Abb. 4.1): Wie sollen die Zeitungsannoncen, Sticker und Poster inhaltlich aussehen? Wie kann Aufmerksamkeit erzeugt werden? Wie werben andere klein- und mittelständische Unternehmen in der Umgebung?

☐ **Skizzen diskutieren:** Welche Meinungen haben die anderen Mitarbeiter zu den Skizzen? Welche Verbesserungsvorschläge haben die Mitarbeiter? Gemeinsam können die Skizzen perfektioniert werden

☐ **Mit Grafikern kooperieren:** Gibt es in der Einrichtung Mitarbeiter, die sich mit Grafikbearbeitung auskennen? Unterstützt die Redaktion der Zeitung? Mit welchen Grafikern kann zusammengearbeitet werden? Ein Grafiker gestaltet aus einfachen Skizzen veröffentlichungsreife Annoncen, Poster und Sticker

☐ **Medium, Orte und Zeitraum bestimmen:** In welchen Zeitungen oder Magazinen sollen die Annoncen, wann geschaltet werden? Wo und wann können die Poster ausgehangen werden? Wo und wann können (und dürfen) die Sticker geklebt werden?

☐ **Im Nachhinein evaluieren:** Wie viele Bewerbungen entstehen durch die Annoncen, Poster und Sticker? Wie lief der Prozess der Skizzenerstellung? Wie zufrieden sind Einrichtung und Mitarbeiter mit den Lösungen des Grafikers?

Abb. 4.1 Skizze für eine Zeitungsannonce. (Quelle: eigene Darstellung)

Das AIDA-Modell – Ein Leitfaden für die Gestaltung von Werbemaßnahmen

Das AIDA-Modell verdeutlicht die Wirkung von Werbung. Die vier aufeinanderfolgenden Phasen des psychologischen Modells helfen bei der Gestaltung von Zeitungsannoncen, Postern und Stickern sowie weiterer Personalmarketing-Maßnahmen (Facebook-Memes, Informationen auf der Website usw.). Sie beschreiben den idealen Prozess, den eine Person durchmacht, wenn sie sich aufgrund einer Werbemaßnahme zu einer Bewerbung entschließt (Krings 2017): Eine Anzeige sollte so gestaltet sein, dass sie vor allem 1) Aufmerksamkeit erregt, um überhaupt gelesen zu werden. Durch ein attraktives Angebot entsteht 2) Interesse sowie der 3) Wunsch einer Bewerbung. Die 4) Handlung – also das Erstellen und Abschicken einer Bewerbung – wird durch die Angabe von Kontakt- bzw. Bewerbungsmöglichkeiten ermöglicht. Auch der idealtypische Aufbau einer Stellenanzeige folgt im Grunde folgenden vier Schritten:

1. **Attention** (=Aufmerksamkeit erregen): Wie kann Aufmerksamkeit durch das Alleinstellungsmerkmal erregt werden (z. B. durch einen aussagekräftigen oder leicht provokanten Slogan)? Mit welchen Fotos/ Grafiken kann die Bewerberzielgruppe emotional angesprochen werden

(authentisch, keine Imagebilder)? Welche weiteren Möglichkeiten könnte es geben, Aufmerksamkeit zu erzeugen (Zitate, ein Rahmen um die Anzeige, farbliche Gestaltung, usw.)?

2. **Interest** (=Interesse wecken): Welche Pflegeeinrichtung schreibt aus? Was sind die Kernbotschaften der Einrichtung? Wird das Interesse der Zielgruppe geweckt?

3. **Desire** (=Wünsche erzeugen): Ist die Anzeige so gestaltet, dass sie den Wunsch zu einer Bewerbung schafft? Wie kann final überzeugt werden?

4. **Action** (=Handlung ermöglichen): Wie kann sich der potenzielle neue Mitarbeiter möglichst einfach bewerben?

Soziale Medien

Rund 78 % der Unternehmen in Deutschland nutzen „Social Media Marketing" für ihre Unternehmenskommunikation – Tendenz steigend (Bernecker und Foerster 2018). Seit einigen Jahren werden diese Netzwerke zudem stärker für das Personalmarketing genutzt, um aktiv Bewerber (insbesondere Auszubildende) für offene Stellen zu suchen sowie sich als attraktiven Arbeitgeber zu positionieren. Soziale Medien bieten die Chance zum Dialog, vielseitige Inhalte über und aus der eigenen Einrichtung zu teilen und aktuell zu sein.

Ausgewählte Soziale Medien für das Personalmarketing
- **Blogs (auf der Unternehmensseite)** – Für regelmäßige Beitrage auf der Website
- **Facebook** – Die meistgenutzte Social Media-Plattform für (fast) jede Zielgruppe
- **Xing/LinkedIn** – Soziale Netzwerke für berufliche Kontakte
- **YouTube** – Die eigene Einrichtung per Video vorstellen und bekannt machen
- **Snapchat/Instagram** – Trendmedien, die insbesondere Jugendliche erreichen
- **WhatsApp** – Der direkte Dialog mit Bewerbern und Echtzeit-Kommunikation in Gruppen

Des Weiteren besitzen soziale Medien den Vorteil, dass sie kostengünstig und einfach zu bedienen sind. Fotos, Geschichten oder Stellenanzeigen können ohne großen Aufwand kommuniziert werden. Zudem können die eigenen Mitarbeiter – insbesondere Auszubildende – bei Facebook und Co. in das Personalmarketing einbezogen werden. Kreative Aufgaben, wie das regelmäßige Erstellen und Posten der Inhalte können eine interessante Abwechslung bei der Arbeit darstellen und ermöglichen es, die Fähigkeiten, insbesondere der jüngeren Generationen, sinnvoll zu nutzen und neue Kompetenzen zu entwickeln. Bei aller Motivation sollten aber Copyright- und Datenschutzbestimmungen eingehalten werden. Ansonsten sind der Kreativität in den sozialen Medien (fast) keine Grenzen gesetzt.

Die nachfolgende Checkliste sowie ein Handout im Download-Bereich, mit beispielhaften Inhalten und einer Vorlage für einen Inhaltsplan, helfen bei dem strukturierten Vorgehen des „Social Media Marketings". Die einzelnen Aspekte der Checkliste können bspw. im Rahmen von Mitarbeitergesprächen oder Jours fixes besprochen und diskutiert werden.

▶ Ein Handout und Inhaltsplan für die Kommunikation in den Sozialen Medien kann über ExtrasOnline heruntergeladen werden.

Checkliste 15: Soziale Medien

☐ **Verantwortliche finden und beauftragen:** Welche Mitarbeiter sind kreativ und nutzen oft soziale Medien? Wer hätte Interesse daran, bspw. einen Facebook-Account für die Pflegeeinrichtung zu erstellen und zu betreuen?

☐ **Die Strategie besprechen:** Welches Bild von der Einrichtung soll kommuniziert werden? Was ist das Alleinstellungsmerkmal? Welche Inhalte und Botschaften sollen veröffentlicht werden? Welche Inhalte sollen oder dürfen nicht veröffentlicht werden (Datenschutz, Copyright usw.)?

☐ **Einen Inhalts-Plan erstellen:** Die Verantwortlichen legen fest, welche Inhalte an welchen Tagen gepostet werden sollen und erstellen diese. Entscheidend ist die Regelmäßigkeit (z. B. jeden Montag). Je nach Kapazität kann die Häufigkeit pro Woche dann gesteigert werden. Das Erstellen eines Inhalts-Plans ermöglicht zudem, dass die Inhalte abwechslungsreich und strategisch gesetzt werden

☐ **Die Aktivitäten evaluieren:** Wie funktioniert das Erstellen und Umsetzen des Inhalts-Plans? Welche Posts werden oft geliked, geteilt oder (positiv) kommentiert? Durch eine Evaluation können erste Schlüsse gezogen werden, welche Aspekte in Zukunft verbessert werden können. Um weitere Ideen für Verbesserungen zu erhalten, kann es helfen, dass externe Marketing in den sozialen Medien von anderen Unternehmen zu beobachten

WhatsApp kreativ nutzen – ein Erfolgsbeispiel

WhatsApp hat die klassische SMS abgelöst. Auch der sogenannte „Flurfunk" findet heutzutage vermehrt in WhatsApp-Gruppen der Mitarbeiter statt. WhatsApp kann auch für das Personalmarketing genutzt werden. Diesen Trend erkennen immer mehr Personalverantwortliche – wie auch in dem Krankhaus Porz am Rhein.

In einer einwöchigen Aktion im März 2017 hat jeden Tag ein Mitarbeiter aus dem Arbeitsalltag des Krankenhauses in einer öffentlichen WhatsApp-Gruppe berichtet. In diese Gruppe wurden im Vorfeld Schüler, Studierende und weitere Interessierte eingeladen. Die Mitarbeiter haben sich selbst vorgestellt, Fotos und Videos in die Gruppe gepostet und einen Live-Ticker ihres Arbeitstages geteilt. Die über 300 Gruppenmitglieder erhielten ein authentisches Bild des Krankenhauses und konnten individuelle Fragen stellen.

Nach der einwöchigen Aktion erhielt das Krankenhaus – insbesondere für Praktika und Ausbildungsstellen – viele Bewerbungen, sodass neue Stellen besetzt werden konnten. Positive Nebeneffekte: Die Presse hat die Aktion aufgegriffen und darüber berichtet. Alle Beteiligten empfanden die Aktion als sehr gelungen, da sie sich einbringen konnten und sie Spaß und Verantwortung bei der Durchführung hatten (Schleicher 2017). Nicht nur WhatsApp, sondern auch Snapchat und Instagram bieten Potenziale für ähnliche Aktionen und Kreativität im Personalmarketing.

Mitarbeiter werben Mitarbeiter

31 % der Pflegekräfte erkundigen sich bei Freunden oder Kollegen, wenn sie auf der Suche nach einem (neuen) Arbeitgeber sind. Mundpropaganda ist eines der effektivsten Mittel des Personalmarketings, da Empfehlungen von Bekannten Vertrauen schaffen. Ein „Mitarbeiter-werben-Mitarbeiter"-Programm ist zudem nützlich für die eigenen Mitarbeiter, die so einen Einfluss auf die Auswahl ihrer zukünftigen Kollegen haben – sie können durch Empfehlungen ihren zukünftigen Arbeitsplatz maßgeblich mitgestalten und erleben sich selbstwirksam (Kanning 2017; Buxel 2011).

Die direkte persönliche Kommunikation vermittelt ein authentisches Bild der Pflegeeinrichtung. Dies kann in der Realität sowohl positiv als auch negativ ausfallen und zeigt, wie eng Arbeitgeberattraktivität, Mitarbeiterbindung und -motivation zusammenhängen. Motivierte und zufriedene Mitarbeitende sind die perfekten „Markenbotschafter". Dies kann in einem persönlichen Gespräch oder über Facebook, WhatApp und Co. passieren. Um positive Empfehlungen zu fördern, können Führungskräfte Unterstützung anbieten und zusätzlich wertschätzende Anreize für eine erfolgreiche Einstellung schaffen. Diese sollten individuell an die Bedürfnisse der Mitarbeiter und den finanziellen Mitteln der Einrichtung angepasst sein (z. B. ein zusätzlicher Urlaubstag, Wellnessgutschein oder ein kleiner Wettbewerb „Wer wirbt die meisten Kollegen?").

Kooperationen mit Schulen und Hochschulen

Der Pflegeberuf ist bei Schülern oft nicht die erste Wahl bei der Suche nach einem Ausbildungsplatz. Um dies zu ändern und Vorurteile bei der Azubi-Zielgruppe (insbesondere bei Jungen) abzubauen hilft der Kontakt zu lokalen Schulen (Hornung 2012).

Möglichkeiten des Personalmarketings in Schulen
- Schülerpraktika anbieten
- Vorträge über den Pflegeberuf halten
- Exkursionen/Heimbesichtigungen mit Lehrenden organisieren (Theorie-Praxis-Transfer)
- Poster/Stellenanzeigen können an dem „Schwarzen Brett" ausgehangen werden
- Teilnahme an besonderen Veranstaltungen (z. B. Schulfeste)

Je nach Bewerberzielgruppe können diese Personalmarketing-Maßnahmen auch an Hochschulen durchgeführt werden. Zudem können im Rahmen von Kooperationen Projekte für Studierende oder Abschlussarbeiten ausgeschrieben werden. Eine „Win-Win-Situation": Die Studierenden bekommen die Möglichkeit eines Theorie-Praxis-Transfers und die jeweilige Senioreneinrichtung Unterstützung und Expertise zu einer konkreten Fragestellung (Kanning 2017).

4.3 Bewerberorientierte Personalauswahl

Insbesondere wenn klein- und mittelständische Einrichtungen über (noch) kein wirkliches Image in der Öffentlichkeit verfügen, bekommen die Bewerber im Rahmen des Auswahlverfahrens ihren ersten richtigen Eindruck. Dieser ist für die Wahrnehmung der Einrichtung als attraktiver Arbeitgeber entscheidend. Neben dieser Marketingfunktion der Personalauswahl dient sie darüber hinaus zur Identifikation der passgenauen Bewerber für die ausgeschriebenen Stellen.

Da in der Altenpflege auf 100 offene Stellen im bundesschnitt nur 21 Pflegefachkräfte kommen (Groll 2018), können sich Bewerber ihren Arbeitsplatz in der Pflege quasi aussuchen. Auch während der Personalauswahl sollte sich ein Arbeitgeber folglich (authentisch) von seiner besten Seite zeigen, um sich im „War for talents" durchzusetzen. Selbst wenn es nicht zu einer Einstellung kommt, werden die Bewerber einen professionellen Eindruck gewinnen und die Einrichtung ggf. sogar weiterempfehlen, was einen positiven Einfluss auf die Arbeitgeberattraktivität hat (Kanning 2017).

Checkliste 16: Erfolgsfaktoren einer bewerberorientierten Personalauswahl

☐ **Die Bewerber einbinden:** Welche Informationen brauchen die potenziellen Mitarbeiter? Was ist den Bewerbern im Auswahlprozess wichtig? Welche Fragen könnten sie haben?

☐ **Die Bewerber informieren:** Was sind die Arbeitsaufgaben und Anforderungen an die Stelle? Was zeichnet die eigene Einrichtung aus? Welche Möglichkeiten zur persönlichen Fort- und Weiterbildung werden geboten? Wie sind die Arbeitszeiten?

☐ **Den Bewerbungsprozess transparent gestalten:** Wie sieht das Auswahlverfahren für den Bewerber aus? Wer trifft die Entscheidungen und wie kommen diese zustande? Wann ist mit Rückmeldungen zu rechnen?

☐ **Feedback geben und einholen:** Warum ist es zu einer Zu- bzw. Absage gekommen? Welche Stärken und Schwächen sind erkennbar? Welche Entwicklungsmöglichkeiten können aufgezeigt werden?

Das Bewerben so einfach wie möglich machen

Der Personalauswahlprozess beginnt nicht erst mit dem Eingang der Bewerbungen. Bereits im Vorhinein sollten wichtige Grundlagen geschaffen werden, sodass es überhaupt zu diesem Schritt der Bewerber kommt. Zunächst wird durch Personalmarketing-Maßnahmen Aufmerksamkeit für die Einrichtung geschaffen und im besten Fall über das Interesse ein Wunsch zur Bewerbung erzeugt. Damit dies auch zu der gewünschten Handlung führt, sollte den Bewerbern das Bewerben so einfach wie möglich gemacht werden. So kann verhindert werden, dass der Bewerbungsprozess nicht begonnen oder frühzeitig abgebrochen wird (Rottmann und Witte 2017).

Die Informationen der nachfolgenden Checkliste sind deshalb in erster Linie für die Gestaltung der Website oder für ein Bewerbermanagementsystem relevant.

Checkliste 17: Das Bewerben so einfach wie möglich machen

☐ **Die Bewerber einbinden:** Das Angeben einer Ansprechperson ermöglicht die Kontaktaufnahme bei Fragen oder Problemen. Ein Foto und eine kurze Vorstellung dieser Person zeigt den potenziellen Bewerbern, mit wem sie kommunizieren. Sie haben dann beim Emailverkehr oder Telefonaten ein Gesicht vor Augen

☐ **Die Bewerber informieren:** Für potenzielle Bewerber sollte übersichtlich dargestellt sein, wie sie sich bewerben können (postalisch/elektronisch) und welche Dokumente (Anschreiben, Lebenslauf, Zeugnisse) benötigt werden. Zudem sind für sie ausführliche Informationen zu dem Profil der Stelle und über die Einrichtung relevant. Vor allem sollten die eigenen Stärken nochmal auf den Punkt gebracht werden, um letzte Zweifel auszuräumen

☐ **Das weitere Vorgehen erklären:** Zu diesen Informationen gehört insbesondere auch das Beschreiben des Bewerbungsprozesses. Was passiert, nachdem eine Bewerbung abgeschickt wurde?

Mit den Bewerbern kommunizieren

Kommunikation ist nicht nur mit den Mitarbeitern, sondern auch mit den Bewerbern im Rahmen des Personalauswahlprozesses elementar. Das wesentliche Ziel besteht darin, *„Transparenz herzustellen und den Bewerbern zu signalisieren, dass der Arbeitgeber professionell und fair vorgeht"* (Kanning 2017, S. 99). Wertschätzung kann bereits mit einem zeitnahen Versenden von Eingangsbestätigungen nach der Bewerbung gezeigt werden. Trotzdem müssen Bewerber in der Praxis durchschnittlich knapp 13 Tage auf eine solche Eingangsbestätigung warten – Zeit, in der sich eine Pflegefachkraft bereits für eine andere Einrichtung entschieden haben kann. Auch nach der Sichtung der Bewerbungsunterlagen und dem Bewerbungsgespräch, melden sich professionelle Personaler zeitnah und geben Feedback (Kanning 2017).

Die Digitalisierung ist seit einigen Jahren auch in der Personalauswahl angekommen. Immer mehr klein- und mittelständische Unternehmen in und außerhalb der Pflegebranche nutzen (Online)-Bewerbermanagementsysteme. Insbesondere für die Verwaltung der Bewerbungsunterlagen und für eine professionelle Kommunikation mit den Bewerbern kann ein Bewerbermanagementsystem Zeitersparnisse ermöglichen. Sie sind allerdings kostenintensiv und können den Auswahlprozess für Bewerber und Personaler auch verkomplizieren, weshalb eine Einführung gut überlegt sein sollte (Rottmann und Witte 2017).

▶ Vorlagen für eine Eingangsbestätigung, Zu- und Absagen nach Sichtung der Bewerbungsunterlagen und dem Bewerbungsgespräch können über ExtrasOnline heruntergeladen und individuell angepasst werden.

Checkliste 18: Mit den Bewerbern kommunizieren

☐ **Die Bewerber einbinden:** Das Vorstellen eines Ansprechpartners erleichtert die Kommunikation mit dem Bewerber. Dieser bekommt so schnell Antworten auf für ihn wichtige Fragen. Ein fester Ansprechpartner kann sich zudem nach offenen Fragen erkundigen

☐ **Die Bewerber regelmäßig informieren:** Der Personalauswahlprozess wird vollständig erklärt, sodass der Bewerber weiß, was auf ihn zukommt. Information geschieht durch Eingangsbestätigungen, Zu- oder Absagen und das Beantworten von Fragen. Hierbei ist entscheidend, dass der Bewerber zeitnah über alle Schritte informiert wird und weiß, wann er mit weiteren Rückmeldungen rechnen kann

☐ **Feedback geben und einholen:** Fehlen noch Bewerbungsunterlagen? Wie kam die Entscheidung über Zu- oder Absage zustande? Wo liegen Stärken und Entwicklungspotenziale? Bei einer erfolgreichen Einstellung des Bewerbers kann dieser zudem danach gefragt werden, wie er den Bewerbungsprozess empfunden hat, um diesen ggf. zu optimieren

Bewerbungsunterlagen sichten

Die Sichtung der Bewerbungsunterlagen ist in der Regel die erste Möglichkeit, grundlegende Informationen von einem Bewerber zu erhalten. Eine Vorauswahl zu diesem Zeitpunkt hat vor allem einen Nutzen, falls bei einer hohen Anzahl von Bewerbungen nicht alle Kandidaten zu einem Bewerbungsgespräch eingeladen werden können (Kanning 2004).

Neben der Berufserfahrung und den Fachkompetenzen (Ausbildung, Weiterbildungen usw.) bieten Bewerbungsunterlagen allerdings kaum interpretierbare Aspekte, die auf die spätere Leistung des Kandidaten hinweisen könnten. Im Gegenteil sogar: Zu diesem Zeitpunkt werden von Personalverantwortlichen oft falsche Schlüsse gezogen. Ein wesentlicher Grund für Fehlinterpretationen sind Faustregeln – sogenannte Heuristiken –, wie der Halo-Effekt (englisch: Halo = Heiligenschein). Fälschlicherweise wird von einem Merkmal einer Person, automatisch auf weitere Eigenschaften geschlossen. Attraktiven Menschen wird bspw. gleichzeitig Intelligenz und Berufserfolg zugeschrieben. Allerdings hat das Aussehen letztendlich nichts mit der späteren Leistung am Arbeitsplatz zu tun. Damit eine Vorauswahl nicht von solchen Heuristiken bestimmt wird, ist der Einsatz einer Checkliste mit beweisgestützten Kriterien sinnvoll. Eine Einrichtung, die nur sehr wenige Bewerbungen erhält, sollte möglichst vielen Bewerbern die Möglichkeit für persönliches Gespräch geben und die Kriterien der Vorauswahl nicht zu stark ansetzen (Kanning 2017; Kanning 2004).

Checkliste 19: Bewerbungsunterlagen sichten

☐ **Berufserfahrung und Fachkompetenzen:** Ist aus Lebenslauf und Zeugnissen ersichtlich, ob der Bewerber die notwendigen Erfahrungen und Fachkompetenzen mitbringt? Erfüllt er grundsätzliche Anforderungen?

☐ **Bindung:** Wie lange und in wie vielen Einrichtungen war der Bewerber zuvor tätig? Welche Gründe könnte es für häufige Stellenwechsel geben? Gibt es erste Anzeichen, dass der Bewerber langfristig in der neuen Einrichtung arbeiten möchte?

☐ **Motivation:** Können Anzeichen für die Motivation des Bewerbers gewonnen werden? Anzeichen könnten bspw. Weiterbildungswünsche, der Wunsch langfristig in der Region zu bleiben oder Karriereaussichten sein. Passen die Erwartungen des Bewerbers zu der eigenen Einrichtung?

☐ **Gesamteindruck:** Aus diesen Kriterien sowie der Gestaltung der Bewerbungsunterlagen (fehlerfrei, ordentlich usw.) entsteht ein Gesamteindruck: Könnte dieser Bewerber zu der eigenen Einrichtung passen? Sofern diese Frage nicht eindeutig mit „Nein" beantwortet werden kann, lohnt in den meisten Fällen eine Einladung zu einem Bewerbungsgespräch, um sich gegenseitig besser kennenzulernen und eine finale Entscheidung zu treffen

Bewerbungsgespräche strukturiert führen

Das Bewerbungsgespräch ist das Herzstück der Personalauswahl: Bewerber und Personalverantwortliche aus der Einrichtung lernen sich gegenseitig kennen. Die potenziellen neuen Mitarbeiter erhalten einen Eindruck von der Einrichtung, ihren möglichen Kollegen und der Arbeitstätigkeit. Auf der anderen Seite erfahren die Personalverantwortlichen etwas über die Stärken und Schwächen der Bewerber. Das Ziel des Bewerbungsgespräches ist, dass beide Seiten herausgefunden haben, ob sie miteinander arbeiten möchten und können (Kanning 2017; Kanning 2004).

Damit dies gelingen kann und keine falschen Erwartungen entstehen, ist weiter entscheidend, dass ein authentisches und realistisches Bild von der Einrichtung und der späteren Arbeit vermittelt wird. Dann kann bereits das Bewerbungsgespräch einen entscheidenden Beitrag zur Bindung des zukünftigen Mitarbeiters einnehmen. Zudem ist der inhaltliche Bezug zu den individuellen Anforderungen aus dem Kompetenzprofil für eine fundierte Personalauswahl hilfreich: Die Personalverantwortlichen lernen in dem Bewerbungsgespräch, neben den aus der Unterlagensichtung bekannten fachlichen Qualifikationen, auch die persönlichen und sozialen Eigenschaften der Bewerber kennen. Der entstehende Gesamteindruck ermöglicht eine fundierte Entscheidung (Kanning 2004; Kanning 2017).

▶ Ein Leitfaden für das Bewerbungsgespräch in Anlehnung an das multimodale Interview (Schuler 1992) kann über ExtrasOnline heruntergeladen werden.

Checkliste 20: Die Bewerber im Bewerbungsgespräch überzeugen

☐ **Die Bewerber einbinden:** Ein Hausrundgang zeigt dem Bewerber seinen potenziellen Arbeitsplatz und ermöglicht das schnelle Kennenlernen mehrerer Mitarbeiter. Das Anbieten von Getränken und anfänglicher Smalltalk helfen dabei, das „Eis zu brechen"

☐ **Die Bewerber informieren:** Was erwartet ihn in der nächsten Stunde? Während des Bewerbungsgespräches werden alle relevanten Informationen zu der ausgeschriebenen Stelle vorgestellt. Neben Arbeitszeiten, Urlaub und Gehalt, sollten insbesondere die Vorteile der eigenen Senioreneinrichtung aufgezeigt werden, um den Bewerber final zu überzeugen. Zudem wird am Ende des Gesprächs das weitere Vorgehen erklärt

☐ **Notwendige Informationen erfragen:** Nachdem der Bewerber die Möglichkeit bekommen hat, sich selbst ausführlich vorzustellen, werden weitere notwendige Informationen in Erfahrung gebracht. In Anlehnung an das Kompetenzprofil, können gezielt Fragen gestellt werden, um herauszufinden ob der Bewerber die notwendigen Anforderungen erfüllt. Zudem kann die Motivation für die Bewerbung, für die zukünftigen Aufgaben sowie für mögliche Fort- und Weiterbildungen herausgefunden werden. Ein Leitfaden, der sich an dem multimodalen Interview an Schuler (1992) orientiert unterstützt dabei

☐ **Feedback geben und einholen:** Unabhängig der finalen Entscheidung verdient ein Bewerber ein Feedback über eigene Stärken und Entwicklungspotenziale, um sich selbst weiterentwickeln zu können. Bei erfolgreicher Einstellung kann zudem erfragt werden, wie der neue Mitarbeiter das Bewerbungsgespräch empfunden hat

4.4   Den Einstieg erleichtern

Die Entscheidung ist positiv für den Bewerber ausgefallen und er möchte die ausgeschriebene Stelle der Senioreneinrichtung annehmen. Hiermit ist die Personalgewinnung aber noch nicht abgeschlossen. Es kann vorkommen, dass der vermeintlich neue Mitarbeiter kurzfristig andere Zusagen für Jobangebote erhält, die ihm attraktiver erscheinen. Dann besteht die Gefahr, dass er sich – vor allem, wenn noch kein Vertrag unterschrieben ist – noch vor Antritt der Stelle anders entscheidet und/oder die Einrichtung nach kurzer Zeit wieder verlässt. Deshalb ist die Phase vor dem ersten Arbeitstag und Einarbeitung in den ersten Wochen und Monaten nicht zu vernachlässigen (Holtbrügge 2018).

Das Ziel dieser letzten Phase der Personalgewinnung bzw. der ersten Phase der Einarbeitung ist, dass der neue Mitarbeiter sich informiert, wertgeschätzt

Abb. 4.2   Mögliche Fragen vor dem ersten Arbeitstag. (Quelle: eigene Darstellung)

und willkommen fühlt. In der Regel machen sich neue Mitarbeiter vorab viele Gedanken (vgl. Abb. 4.2). Nervosität entsteht, bevor neue Kollegen, Führungskräfte und Bewohner sowie eine erst noch fremde Umgebung kennengelernt werden. Des Weiteren wurden im Vorfeld durch die Kommunikation des Personalmarketings und während des Auswahlprozesses Erwartungen aufgebaut. Werden diese erfüllt oder gar übertroffen, bietet der erste Arbeitstag ein großes Potenzial für die Mitarbeiterbindung. Symbole, wie ein Blumenstrauß oder Kaffee und Kuchen im Rahmen eines Willkommensrituals, leisten wichtige Beiträge, sodass sich der Mitarbeiter schnell wohl fühlt (Brenner 2014).

Checkliste 21: Den Einstieg erleichtern

☐ **Die neuen Mitarbeiter einbinden:** Welche Fragen zu dem Arbeitsvertrag oder der Einrichtung sind noch offen? Welche Zeitbedürfnisse besitzt der neue Mitarbeiter? Welche Erwartungen hat er vor seinem ersten Arbeitstag?

☐ **Die Bewerber informieren:** Welche Informationen braucht der Mitarbeiter vor Antritt der Stelle? Wer ist der Ansprechpartner? Wann und wo soll sich der Mitarbeiter bei der Ankunft melden? Welche Informationen zum Leitbild, den Bewohnern und/oder Fort- und Weiterbildungsmöglichkeiten sind zu kommunizieren?

☐ **Begrüßen und den Arbeitsplatz vorstellen:** Gibt es ein Willkommensritual? Wie kann der Mitarbeiter wertschätzend in die Einrichtung einsteigen? Wer sind die neuen Führungskräfte, Kollegen und Bewohner? Auf welcher Station wird der Mitarbeiter arbeiten? Wie sehen die Arbeitsabläufe und der Einarbeitungsplan aus? Diese und weitere Fragen können bei einem Hausrundgang, einem Kaffee mit den Kollegen und bei einem Begrüßungsgespräch beantwortet werden

☐ **Feedback einholen:** Ein Feedback-Gespräch während oder nach der Einarbeitungszeit kann einen gemeinsamen Rückblick darstellen: Wie empfand der Mitarbeiter seine ersten Tage in dem Seniorenheim? Haben Informationen gefehlt oder waren es zu viele überfordernde Eindrücke? Welche Möglichkeiten gibt es zur stetigen Verbesserung?

Veränderungen initiieren

5

Wege entstehen dadurch, dass man sie geht (Franz Kafka).

Ein nachhaltiges Konzept zur Steigerung der Arbeitgeberattraktivität ist auch – oder vielleicht vor allem – für Pflegeeinrichtungen ein kontinuierlicher Verbesserungsprozess, der sich aus unmittelbar umsetzbaren und langfristigen Veränderungen zusammensetzt. Das schlechte Image der gesamten Branche, schwierige wirtschaftliche Voraussetzungen und der Fachkräftemangel machen dies zu keinem leichten Unterfangen. Die Chance besteht darin, trotz dieser schwierigen Rahmenbedingungen, Veränderungen zu initiieren, um nachhaltige Strukturen zu etablieren, eigene Mitarbeiter zu binden und neue zu gewinnen. Zufriedene und motivierte Mitarbeiter sind der wichtigste Erfolgsfaktor einer Pflegeeinrichtung und zugleich ihr „Aushängeschild".

Bevor jedoch Veränderungen stattfinden können, braucht es die Bereitschaft alte Prozesse und Praktiken aufzubrechen – zuerst durch die Führungskräfte und im nächsten Schritt durch alle Mitarbeiter. Die Veränderungsformel von Beckhard und Harris (1987) zeigt, wann Veränderungsbereitschaft entsteht (vgl. Abb. 5.1).

Die Unzufriedenheit mit der momentanen Situation, eine attraktive Vision und Ziele für die Zukunft sowie konkrete erste Schritte für Veränderungen müssen stärker ausgeprägt sein, als die Widerstände gegen Veränderungen. Widerstände in Organisationen sind in der Regel verselbstständigte Routinen, (informelle) Machtstrukturen und vor allem die Angst vor Neuem. Wenn eines der Merkmale auf der rechten Seite der Formel in der Wahrnehmung der Mitarbeiter nicht vorhanden ist, werden die Widerstände automatisch zunehmen. Da viele Pflegekräfte aufgrund von hohen Arbeitsbelastungen, Zeitdruck oder mangelnder Anerkennung durch Vorgesetzte eine Unzufriedenheit mit der aktuellen Situation empfinden (Scharfenberg 2016), setzt dieses *essential* Anreize für eine attraktive Vision und liefert konkrete erste Schritte für das Etablieren nachhaltiger Strukturen.

© Springer Fachmedien Wiesbaden GmbH, ein Teil von Springer Nature 2019
L. Rottmann und D. Witte, *Mitarbeiter (ein)binden und gewinnen*, essentials,
https://doi.org/10.1007/978-3-658-23482-9_5

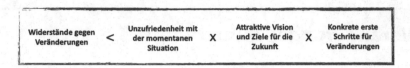

Abb. 5.1 Die Veränderungsformel. (Quelle: eigene Darstellung in Anlehnung an Beckhard und Harris 1987)

Entscheidend ist der Mut, Vertrauen zu schenken

Letztendlich entscheiden die Führungskräfte über den Erfolg bzw. Misserfolg, Veränderungen zu initiieren. Sie schaffen Bewusstsein für Erneuerungen, leiten Ziele ab und liefern – bspw. anhand dieses *essentials* – konkrete Maßnahmen. Entscheidend ist dabei der Mut, den Mitarbeitern Vertrauen zu schenken und diese in den Veränderungsprozess mit einzubeziehen, Verantwortung abzugeben sowie Aufgaben des Personalmanagements zu delegieren. Vertrauen in Organisationen entsteht nicht von heute auf morgen, sondern in einem langfristigen Prozess. Dieser wird gefördert, indem individuelle Unterschiede der Mitarbeiter wertgeschätzt, Anerkennung entgegengebracht und positive als hilfreich empfundene Rückmeldungen gegeben werden (Zaugg 2009).

So wird nicht nur die Veränderungsbereitschaft erhöht, sondern auch das Commitment mit der „gemeinsamen Mission". Zudem beeinflussen Vertrauensbeziehungen die Arbeit im Team positiv und erhöhen die Effektivität einzelner Maßnahmen. Die Steigerung der Arbeitgeberattraktivität, ein nachhaltiges Personalmanagement und Vertrauen ergeben Synergieeffekte. Führungskräfte sollten sich nicht von ersten Rückschlägen entmutigen lassen, da insbesondere anfangs Fehler auftreten können, aus denen für die Zukunft gelernt werden kann.

Die Analyse als Startschuss

Wenn der Entschluss gefasst wurde, dass sich etwas verändern soll, dann braucht es eine Art „Startschuss", um allen Mitarbeitern zu signalisieren, dass etwas passiert. Dies kann im Rahmen einer Analyse der Arbeitgeberattraktivität, wie in Kap. 2 beschrieben, passieren (Schumacher und Klöppner 2014). Die Mitarbeiter werden informiert, dass eine Befragung stattfindet und sie bekommen die Gelegenheit die Einrichtung zu bewerten und Verbesserungsvorschläge zu äußern. Das Informieren über die Ergebnisse, eigene Stärken und Schwächen sowie das Diskutieren über erste Verbesserungsvorschläge, schaffen Verständnis und Motivation für die kommenden Veränderungen. Um diese zu initiieren bietet sich eine

Analyse ideal als erster Schritt an. Die Anreize, Leitfäden und Checklisten aus diesem *essential* können parallel zum Einsatz kommen. So wird den Mitarbeitern signalisiert, dass etwas in ihrem Sinne geschieht.

Wir wünschen allen Führungskräften und Mitarbeitern Durchhaltevermögen, Kraft und viel Erfolg bei dem Etablieren nachhaltiger Strukturen in ihrer Einrichtung. Durch Ihren hohen Einsatz leisten Sie einen wertvollen Beitrag für Bewohner, Angehörige und die gesamte Gesellschaft!

VERÄNDERUNGEN
INITIIEREN

Was Sie aus diesem *essential* mitnehmen können

- Ein attraktiver Arbeitgeber entwickelt sich in einem kontinuierlichen Verbesserungsprozess der internen und externen Kommunikation.
- Neue Perspektiven: Kreative Ideen, Anreize, konkrete Maßnahmen und Analysen, um die eigenen Mitarbeiter und ihre Bedürfnisse stärker in das Personalmanagement einzubinden.
- Ein Gesamtbild der Personalgewinnung und dessen Bedeutung, um potenzielle Mitarbeiter durch ein authentisches Personalmarketing und eine bewerberorientierte Personalauswahl gewinnen zu können.
- Checklisten, Handouts, Leitfäden usw., die Sie je nach Bedarf (schon ab morgen) für Ihre interne und externe Kommunikation diskutieren und nutzen können.
- Und: Im optimalen Fall eine erhöhte Veränderungsbereitschaft durch neue Ziele und Ansätze für konkrete erste Schritte.

© Springer Fachmedien Wiesbaden GmbH, ein Teil von Springer Nature 2019
L. Rottmann und D. Witte, *Mitarbeiter (ein)binden und gewinnen,* essentials,
https://doi.org/10.1007/978-3-658-23482-9

Literatur

Badel, S., Squarra, D., & Stuckatz, D. (2015). *Fort- und Weiterbildung in der Altenpflege in Berlin – Eine Herausforderung für den Pflegealltag.* Berlin: WERT.ARBEIT GmbH.

Beckhard, R., & Harris, R. (1987). *Organizational transitions. Managing complex change.* Reading: Addison Wesley.

Bernecker, M., & Foerster, B. (2018). *Social Media Marketing in Unternehmen 2018.* Köln: Deutsches Institut für Marketing.

Blazek, Z. (2016). *Arbeitgebermarke stärken (Employer Branding).* Köln: KOFA – Fachkräftesicherung für kleine und mittlere Unternehmen.

Bomball, J., Schwanke, A., Stöver, M., Schmitt, S., & Görres, S. (2010). *Imagekampagne für Pflegeberufe auf der Grundlage empirisch gesicherter Daten – Einstellungen von Schüler/innen zur möglichen Ergreifung eines Pflegeberufs.* Bremen: Institut für Public Health und Pflegeforschung.

Brenner, D. (2014). *Onboarding. Als Führungskraft neue Mitarbeiter erfolgreich einarbeiten und integrieren.* Wiesbaden: Springer.

Buxel, H. (2011). *Jobverhalten, Motivation und Arbeitsplatzzufriedenheit von Pflegepersonal und Auszubildenden in Pflegeberufen: Ergebnisse dreier empirischer Untersuchungen und Implikationen für das Personalmanagement und – marketing von Krankenhäusern und Altenpflegeeinrichtungen.* Münster.

Doran, G. T. (1981). There's a S.M.A.R.T. way to write management's goals and objectives. *Management Review, 70,* 35–36.

Dutton, J. E., & Glynn, M. (2007). Positive organizational scholarship. In C. Cooper & J. Barling (Hrsg.), *Handbook of organizational behavior.* Thousand Oaks: Sage.

Echter, D. (2012). *Führung braucht Rituale. So sichern Sie nachhaltig den Erfolg Ihres Unternehmens.* München: Vahlen.

Eitenbichler, L. (2016). *„Integration von Flüchtlingen in der Pflege". Zusammenfassung der Ergebnisse zur Ausschreibung des Deutschen Caritas-verbandes.* Freiburg: Deutscher Caritasverband.

Euchner, G., & Fricke, B.(2016). *Kienbaum Studie „Trennungsmanagement 4.0". Themen, Trends und Best Practices.* München: Kienbaum.

Füg, L. (2005). *Interne Fortbildung in der Pflege. Schulungsunterlagen für Altenpflege, Ambulante Pflege und Krankenhaus.* Balingen: Spitta.

© Springer Fachmedien Wiesbaden GmbH, ein Teil von Springer Nature 2019
L. Rottmann und D. Witte, *Mitarbeiter (ein)binden und gewinnen,* essentials,
https://doi.org/10.1007/978-3-658-23482-9

Groll, T. (2018). Der Pflege gehen die Kräfte aus – Online. https://www.zeit.de/wirtschaft/2018-04/fachkraeftemangel-altenpflege-deutschland-statistik. Zugegriffen: 9. Mai 2018.

Happich, G. (2011). *Ärmel hoch! Die 20 schwierigsten Führungsthemen und wie Top-Führungskräfte sie anpacken.* Zürich: Orell Füssli AG.

Holler, I. (2005). *Trainingsbuch Gewaltfreie Kommunikation: Abwechslungsreiche Übungen für Selbststudium, Seminare und Übungsgruppen.* Paderborn: Junfermannsche Verlagsbuchhandlung.

Holtbrügge, D. (2018). *Personalmanagement.* Heidelberg: Springer Gabler.

Hornung, J. (2012). *Nachhaltiges Personalmanagement in der Pflege. Das 5-Säulen Konzept.* Berlin: Springer.

Hossiep, R., Bittner, J. E., & Berndt, W. (2008). *Mitarbeitergespräche – motivierend wirksam nachhaltig.* Göttingen: Hogrefe.

Kanning, U. P. (2004). *Standards der Personaldiagnostik.* Göttingen: Hogrefe.

Kanning, U. P. (2017). *Personalmarketing, Employer Branding und Mitarbeiterbindung. Forschungsbefunde und Praxistipps aus der Personalpsychologie.* Berlin: Springer.

Kauffeld, S. (2011). *Arbeits-, Organisations- und Personalpsychologie für Bachelor.* Heidelberg: Springer.

Kirschten, U. (2017). *Nachhaltiges Personalmanagement: Aktuelle Konzepte, Innovationen und Unternehmensentwicklung.* Konstanz: UVK.

Klaußner, S. (2016). *Partizipative Leitbildentwicklung: Grundlagen, Prozesse und Methoden.* Wiesbaden: Springer.

Kliebisch, U. W. (1995). *Kommunikation und Selbstsicherheit: Interaktionsspiele und Infos für Jugendliche.* Mühlheim: Verlag an der Ruhr.

Kopp, B., & Mandl, H. (2014). Lerntheoretische Grundlagen von Rückmeldungen. In H. Ditton & A. Müller (Hrsg.), *Feedback und Rückmeldungen: Theoretische Grundlagen, empirische Befunde und praktische Anwendungsfelder* (S. 29–42). Münster: Waxmann.

Kowalzik, U. (2005). *Erfolgreiche Personalentwicklung. Was Pflegeeinrichtungen und -dienste dafür tun können.* Hannover: Schlütersche.

Krings, T. (2017). *Erfolgsfaktoren effektiver Personalauswahl.* Wiesbaden: Springer.

Krüger, W. (1993). *Organisation der Unternehmung* (2. Aufl.). Stuttgart: Kohlhammer.

Küstenmacher, W. T., & Seiwert, L. (2016). *Simplify your life: Einfacher und glücklicher Leben.* Frankfurt: Campus.

Lohmann-Haislah, A. (2012). *Psychische Anforderungen, Ressourcen und Befinden.* Dortmund: BIBB/BAuA.

Lyubomirsky, S. (2008). *Glücklich sein. Warum Sie es in der Hand haben, zufrieden zu leben.* Frankfurt: Campus.

Meier, R. (2006). *Erfolgreiche Teamarbeit: 25 Regeln für Teamleiter und Teammitglieder.* Offenbach: Gabal.

Nussbaum, C. (2017). *Organisieren Sie noch oder leben sie schon? Zeitmanagement für kreative Chaoten.* Frankfurt: Campus.

Rothgang, H., Müller, R., & Unge, R. (2012): *Themenreport „Pflege 2030". Was ist zu erwarten – was ist zu tun?* Gütersloh: Bertelsmann Stiftung.

Rottmann, L., & Witte, D. (2017). Orientierung im Dschungel – Online. https://www.personalwirtschaft.de/recruiting/bewerbermanagement/artikel/orientierung-im-dschungel. html. Zugegriffen: 9. Apr. 2018.

Scharfenberg, E. (2016). *Was beschäftigt Pflegekräfte?*. Berlin: Umfrage Elisabeth Scharfenberg.

Schleicher, M. (2017). Erfolgreiche Premiere: Krankenhaus Porz am Rhein whatsappt für Schüler & Co. über Klinikalltag – online. https://www.der-gesundheitswirt.de/krankenhaus-porz-am-rhein-whatsappt-ueber-klinikalltag/. Zugegriffen: 22. Apr. 2018.

Schmidt, S., & Meißner, T. (2009). *Organisation und Haftung in der ambulanten Pflege*. Heidelberg: Springer.

Schuler, H. (1992). Das Multimodale Einstellungsinterview. *Diagnostica, 38*, 281–300.

Schulz, E. (2012). *Pflegemarkt: Drohendem Arbeitskräftemangel kann entgegengewirkt werden*. Berlin: Deutsches Institut für Wirtschaftsforschung.

Schumacher, L., & Klöppner, M. (2014). *Attraktiver Arbeitgeber in der Pflege – Wege zur Gewinnung und Bindung von Fachkräften*. Lüneburg: Leuphana Universität.

Stolzenberg, K. & Heberle, K. (2013). *Change Management. Veränderungsprozesse erfolgreich gestalten – Mitarbeiter mobilisieren. Vision, Kommunikation, Beteiligung, Qualifizierung*. Berlin: Springer.

Thom, N., & Piening, A. (2009). *Vom Vorschlagwesen zum Ideen- und Verbesserungsmanagement. Kontinuierliche Weiterentwicklung eines Managementkonzepts*. Bern: Lang.

Tomoff, M. (2015). *Positive Psychologie in Unternehmen für Führungskräfte*. Wiesbaden: Springer.

Welk, I. (2015). *Mitarbeitergespräche in der Pflege*. Berlin: Springer.

Wurth, K. (2017). *Trennungsmanagement in Unternehmen: Trennungsprozesse in Führung und Personalwesen fair und transparent gestalten*. Wiesbaden: Springer.

Zaugg, R. J. (2009). *Nachhaltiges Personalmanagement. Eine neue Perspektive und empirische Exploration des Human Resource Management*. Wiesbaden: Gabler.

Zietzschmann, H. (2005). *Personalmanagement in der stationären Altenpflege*. Berlin: Bundesministerium für Familie, Senioren, Frauen und Jugend.

Printcd in the United States
By Bookmasters